拓殖大学研究叢書（社会科学）5

日中未来遺産

中国「改革開放」の中の〝草の根〟日中開発協力の「記憶」

岡田 実 著

日本僑報社

目次

はじめに――日中開発協力史の中の「記憶」をめぐる諸相

二〇一八年は、日中関係にとっては、一九七八年八月一二日に日中平和友好条約が締結されてから四十周年、中国にとっても、一九七八年一二月に改革開放路線を採択したとされる中国共産党第十一期中央委員会第三回全体会議（以下、「十一期三中全会」）が開かれてから四十周年という、記念すべき「ダブル四十周年」の年であった。

この節目を捉え、二〇一八年五月に李克強総理が訪日し、一〇月には安倍総理は日本の総理大臣としては七年振りの訪中（多国間会議への出席を除く）を果たした。安倍総理の訪中においては、安倍総理から習近平主席に対中政府開発援助（ＯＤＡ）の終了を伝達する一方、「今後、新たな次元の日中協力として、開発協力分野における対話や人材交流の実施に向けた調整を進めていくことで一致した」[1]ことを発表した。北京では首脳会談と同時に「第三国市場協力フォーラム」が開催され、五十二本もの協力覚書が交換された。これに対し習近平主席からも「日本が新時代の中国の発展過程にさらに積極的に参与し、両国がさらにハイレベルの双方に利益のあるウィンウィンを実現することを歓迎する」[2]と述べるなど、「新時代」「新次元」の日中開発協力についての道筋が見えてきた首脳会談となった。

その二か月後、十一期三中全会から四十年を経た二〇一八年一二月一八日、習近平総書記は北京・人民大会堂に関係者約三千人を集めた「改革・開放四十周年祝賀大会」で重要演説を行った。

演説では、この四十年で、国内総生産は三六七九億元から二〇一七年の八二・七兆元に増大し、この間の年平均実質成長率九・五％は、同期の世界経済実質成長率二・九％をはるかに超えているなど多くの数字を列挙しつつ、中国がいまや世界第二の経済体となり、製造業では世界第二位、貨物貿易では世界第一位、商品消費で世界第二位、外貨流入で世界第二位、外貨保有高で世界第一位にあるなど、改革開放の成果を誇った。

一方、中国の改革開放と近代化建設に積極的に貢献した香港、マカオ、台湾、海外華僑、外国の友人と世界各国の人びとへの謝意を表することも忘れなかった。同大会では、〝改革開放の貢献者〟として内外から百名が表彰されたが、その中で表彰された外国人十名のうち、日本からは大平正芳元総理と、松下電器産業（現パナソニック）の創業者である松下幸之助の二名が選出されたのである。

「ダブル四十周年」を迎え、日本においても中国の改革・開放において日本がいかなる役割を果たしたのかを回顧するテレビ番組も制作された。二〇一九年二月に放映されたＮＨＫ『中国〝改革開放〟を支えた日本人』は、改革開放初期の日本の開発協力の代表的な事例として、新日鉄が全社を挙げて取り組んだ上海宝山製鉄所建設、中国の国有企業改革支援の端緒となった小松製作所のＴＱＣ（Total Quality Control、統合的品質管理）の導入、大来佐武郎元外務大臣を始めとする日本の代表的エコノミストが参加した経済知識交流会を取り上げ、その濃密な人と人との交流をつぶさに描いた。

中国の改革・開放期における日中開発協力に関する先行研究は、その多くが一九七九年の大平総理訪中から始まる対中政府開発援助（ＯＤＡ）供与と上海宝山製鉄所に代表されるプラント輸出をめぐる政治・外交過程及びアクター間の相互作用にスポットを当ててきた。[3]

他方、これまで必ずしも十分研究の蓄積がなされてこなかった課題として、第一に、改革・開放の中の日中開発協力の「記憶化・記念化」がある。

筆者はかつて戦後和解プロセスについて論じた際、日中の戦後和解プロセスは不完全なものであり、いまだ「未完のプロセス」であると指摘した。[4] 戦後和解プロセスの構成要素について、リチャード・ソロモン米国平和研究所長が指摘した四つの過程――①真実を明らかにすること、②「記憶化・記念化」すること、③補償、④責任―のうち、筆者にとって②「記憶化・記念化」が和解プロセスの中に位置づけられていたことは新鮮であった。[5] なぜなら、①③④は一九七二年の日中共同宣言の外交交渉の際に当然議論の対象となり、不完全ながらも一定の合意を得て共同声明が発出されたのに対し、②の視点は具体的に論じられた形跡がほとんど見当たらないからである。

この「記憶化・記念化」について、歴史和解ワークショップの共同議長をソロモンと共に務めた船橋洋一は「ソロモン氏は英語で、memorializationという言葉を使った。明らかにされた真実をもとに、そうした悲劇を二度と繰り返さないため、そこから引き出した教訓を刻み、それを末永く記憶するための形（メモリアル）が要る。」と記している。[6]

では、「記憶化・記念化」は、今日どのような状況にあり、どのような課題があるのか。日中戦後和解プロセスを発展させていくために、「記憶化・記念化」はどのような役割を果たしうるのか。日中関係の将来を考える上で、極めて重要なテーマであろう。改革開放四〇年の中の「日中開発協力の記憶」は、日中関係においては過去の「戦争の記憶」と決して断絶しているわけではない。むしろ、「戦争の記憶」と「日中開発協力の記憶」は有機的に絡み合い、実質的に日中戦後和解プロセスの一部を形作ってきているのではないか。

翻って「記憶化・記念化」とは何か。

一九九九年に『記憶のかたち コメモレイションの文化史』を編著した小関隆は、まず「過去を認識しようとするあらゆる営み、そしてこの営みの結果得られた過去の認識のあり方」を記憶と呼び、「記憶とはほとんどあらゆる人々が過去に対して抱いた知や思いのアンサンブルである。こうした記憶の営みはいずれも表象行為である。すなわち、数知れぬ過去の出来事の中から、現在の想像力に基づいて特定の出来事を選択し呼び起こす行為、表象を媒介とした再構成の行為である」とする。さらに「記憶とは過去の出来事の単なる貯蔵としてではなく、現在の状況に合わせて特定の出来事を想起し意味を与える行為として理解しなければならない。それゆえ、記憶はその担い手である現在に生きる人間、そしてその人間が所属する様々な集団のアイデンティティと本質的に絡み合っている」、「雑多な記憶のうち、当該の共同体の共同性を有効に保証する過去の認識として広く認知されたものが「公共の記憶」である」と指摘する。[7] とすれば、記憶化とは、無数の「忘却」に抵抗し、特定の出来事を選択して想起し意味を与える共同体の積極的な行為にほかならないであろう。

小関は、こうして共同体で共有された「公共の記憶」は、常に安定した地位にあるわけではなく、公共の記憶の座をめぐる闘争は不断に進行しており、様々な「記憶のかたち」を媒体にして、人々への浸透を図ることによって、公共の記憶の地位の保持が試みられると述べる。[8]

上記の議論を踏まえ、本書においては、「記憶化・記念化」を、公共の記憶を保持する一環として行われる「ある歴史的出来事を記念・顕彰する行為」＝「コメモレイション[9]（commemoration）」として論じる。

次に、これまで必ずしも十分研究の蓄積がなされてこなかった第二の課題として、改革開放における「民間ベースでの〝草の根〟日中開発協力」がある。

円借款を含む大規模な対中ＯＤＡや、プラント建設が進む一方で、中国政府が重視したもう一つの活動として、中国語では「引進国外智力工作」（以下、「引智工作」と略称）と表現される「外国技術・知見の導入」がある。「引智工作」は、外国の先進的管理経験と実用技術の学習・掌握を目的とし、主に海外（華僑、香港、マカオ、台湾を含む）人材の招聘と国内人材の組織的出国（境）研修の二つの方式により行われてきた。

この「引智工作」に正面から取り組んだ研究は、管見の限り見当たらない。筆者はその端緒として、外国人専門家表彰活動を手掛かりに、改革開放期において多くの日本人専門家が、ボランティアベースで開発協力に取り組んだ事例全般を明らかにした。[10]こうした〝草の根〟活動に対し、中国政府は中央、部門、地方の各レベルで表彰を行っているが、そうした活動を詳細に跡付け、分析した本格的な研究は極めて少なく、[11]個別の評伝や事例紹介にとどまっているものが多い。[12]

以上に述べた筆者の問題意識と先行研究の〝空白〟を踏まえ、本書においては、改革・開放政策が開始された一九八〇年代から九〇年代において民間ベースでの〝草の根〟レベルで顕著な開発協力成果を挙げ、中国側から高い評価を得た代表的な事例として、日本人四名にスポットを当て、それぞれの協力のプロセスを跡付け、コメモレイションの視座からの考察を試みる。

以下、第一章では、「戦争のコメモレイション」、「国際人道主義のコメモレイション」、「開発協力のコメモレイション」の三つのコメモレイションが共存する記憶の場として、黒龍江省方正県での藤原長作の寒冷地稲作技術協力を取り上げ、「開発協力のコメモレイション」の今日的意義を考察する。

第二章では、水稲畑苗移植技術を伝授普及させるために、黒龍江省を拠点に全国を巡回指導し、コメの増産に貢献し、長江を越えた湖南省長沙市内の公園に胸像が建立された原正市の事例を取り上げる。

第三章では、スイカの品種改良に心血を注ぎ、北京の人気銘柄となった「京欣一号」に名前の一文字が採用された森田欣一の事例を取り上げる。

第四章では、大分県という一地方を起源とする地域開発の理念と実践である〝一村一品〟が中国でも広く受容された平松守彦の事例を取り上げ、改革開放四十年が経過した今日、なぜ〝一村一品〟が再び脚光を浴び、新たな展開を見せているのかを考察する。

「おわりに」においては、以上の事例研究と考察を踏まえ、日中の未来に向けた課題と提言を論じる。

1　外務省ウェブサイト　https://www.mofa.go.jp/mofaj/a_o/c_m1/cn/page4_004452.html（二〇一九年二月一六日閲覧）
2　新華社報道　http://www.xinhuanet.com/mrdx/2018-10/27/c_137561599.htm（二〇一九年二月一六日閲覧）
3　例えば金熙徳『日本政府開発援助』社会科学文献出版社、二〇〇〇年、林暁光『日本政府開発援助与中日関係』世界知識出版社、二〇〇三年、徐承元『日本の経済外交と中国』慶應義塾大学出版会、二〇〇四年、岡田実『日中関係とODA』日本僑報社、二〇〇八年、関山健『日中の経済関係はこう変わった――対中国円借款三十年の軌跡』高文研、二〇〇八年、蔡亮『互利与双赢：日本対上海ODA研究』合肥工業大学出版社、二〇一〇年、徐顕芬『日本の対中ODA外交』勁草書房、二〇一一年、李彦銘『日中関係と日本経済界』勁草書房、二〇一六年など。
4　岡田実『日中関係とODA――対中ODAをめぐる政治外交史入門』日本僑報社、二〇〇八年一二月、一四五～一五二頁
5　船橋洋一編著『日本の戦争責任をどう考えるか―歴史和解ワークショップからの報告』朝日新聞社、二〇〇一年八月、二四～二五頁
6　船橋洋一、前掲書、二五頁
7　小関隆『記憶のかたち　コメモレイションの文化史』柏書房、一九九九年五月、七頁
8　小関隆、前掲書、一一頁
9　テッサ・モーリス＝スズキ（田代泰子訳）『過去は死なない――メディア・記憶・歴史』岩波書店、二〇一四年、六頁では、「記憶の共有化」と訳出されている。
10　岡田実「改革開放の中国における「引智工作」と日本―外国人専門家表彰活動を手掛かりに―」拓殖大学国際開発研究所『国際開発学研究』第一七巻第一号、一～一六頁
11　中国・東北地域での日本の稲作伝播を包括的に研究した成果として、李海訓『中国北方における稲作と日本の稲作技術』現代中国拠点　リサーチシリーズNo．14、東京大学社会科学研究所、二〇一四年三月がある。また、二〇一二～一三年度に中国での

〝一村一品〟の展開を研究した桜美林大学産業研究所のプロジェクトや、松井和久・山神進編『一村一品運動と開発途上国 日本の地域振興はどう伝えられたか』アジア経済研究所、二〇〇六年一〇月がある。中国側の〝一村一品〟研究成果として、秦富、張敏、鐘钰等『我国〝一村一品〟発展理論与実践』中国農業出版社、二〇一〇年六月がある。

12 例えば、及川和男『米に生きた男 日中友好水稲王＝藤原長作』筑波書房、一九九三年六月、大類善啓「水稲王 藤原長作物語 中国の大地に根づいた日中友好の絆」『異国に耐えた『中国の日本人公墓』ハルビン市方正県物語』東洋医学舎、二〇〇三年四月、郭相声・曹松先・林長山編著『藤原長作先生在方正』中国香港天馬図書有限公司、二〇一二年一〇月。島田ユリ『洋財神 原正市 中国に日本の米づくりを伝えた八十翁の足跡』北海道新聞社出版局、一九九九年

第一章　藤原長作

五千人の遺骨が「日本人公墓」に眠る方正県で、寒冷地での稲作技術を中国に伝えた日本人のコメモレイション

藤原長作の寒冷地稲作協力の事例を考察するにあたっては、まずその大きな背景を理解する必要がある。

結論を先取りすると、筆者は中国に存する日中関係のコメモレイションは、**図表1－1**に示すとおり概念整理できると考える。藤原長作が稲作協力を展開した黒龍江省方正県は、戦争・国際人道主義・開発協力という三つのコメモレイションが共存するという、ユニークな意義を持つ記憶の場であった。以下、順に論じていく。

図表1-1　中国における日中関係のコメモレイションの体系

カテゴリー	対　　象
戦　　争	抵抗と被害
	愛国主義
国際人道主義	寛容な人道主義精神
	報　恩
開発協力	償いと発展

（出所）筆者作成

第一節 「戦争」のコメモレイション

1 「抵抗と被害」のコメモレイション

現代日中関係におけるコメモレイションの先駆的研究として、坂部晶子『「満州」経験の社会学植民地の記憶のかたち』がある。坂部は、主に旧満州・東北三省における日本側と中国側の植民地経験の「語り」を通じて、植民地の記憶のされ方を分析するが、その第四章においては、中国東北地区に残存する抗日戦争期の建造物や遺跡を自らのフィールドワーク（二〇〇〇年九月から二〇〇二年九月）による踏査も含めて系統的に調査し、類型化している。

坂部は、「コメモレイションとは、ある歴史的出来事を記念・顕彰する行為をさすが、近代社会においては、その大きな部分が国家によって遂行されている。ことに戦争や植民地といった歴史事象のコメモレイションは、国民国家の起源とも重なって、近代国家の重要な国家統合の装置となっている」として、コメモレイションの主体は国家であったとしている。また「特定のコメモレイションは、特定の社会集団が自らの集合性を確認しより強固なものとしていくために歴史上のある出来事を記念し記憶していく活動として、地域的アイデンティティの表象にもなっていると考えられる。そこでは、「慎重に選ばれた歴史の象徴をとおして社会的統合や政治的権威を得ようとする政治的・イデオロギー的な意図」を丁寧に読み解いていく作業が必要であろう」として、それぞれのコメモレイションの持つ意味を読み解く重要性を強調する。[1]

では、中国東北地方に残存するコメモレイション群は、それぞれ何を意味するのか。**図表1-2**は、坂部が東北三省および内蒙古自治区の東部地域にあるコメモレイション施設二〇ヵ所を調査した結果であるが、「烈士墓」「万人坑」「博物館」の三つの時代に大きく整理でき、それぞれの政治社会的背景と意図の中で意義づけされているとする。こうした施設は、坂部が記すように、総じて「抵抗と被害のコメモレイション」と呼称すべきものであろう。

図表1-2　中国東北部におけるコメモレイション施設の類型

施設の類型	主な設立年代	施設数	内容と意義	事　例
烈士墓の時代	1940年代末～60年代半ば	4	・抗日戦争の過程で殉死した将軍や兵士たちの墓や碑。 ・抗日戦争に生命を賭して戦い殉職した英雄たちが埋葬された場所そのものを記念。革命英雄たちの慰霊と顕彰のための空間。	東北烈士記念館、楊靖宇烈士陵園、楊靖宇将軍殉国地管理所、延辺革命烈士陵園
万人坑の時代	1960年代半ば～70年代	7	・日本支配下においてダムや要塞建設、炭鉱等での強制労働で亡くなった人々の死体遺棄場所や虐殺の跡地。 ・1960年代の政治運動の高まりの中で、階級教育の一環として位置づけ。過去の帝国主義侵略を忘れず現在も発展途上にある社会主義革命を推進していくための教育施設として成立。	撫順市平頂山惨案遺址記念館、石山血泪山、豊満万人坑、北票市日偽時期死難鉱工記念館、滴道万人坑、東山万人坑、老頭溝万人坑
博物館の時代	1980年代以降	9	・多様な展示。主題の多くは、「満州国」という日本による植民地支配の具体的な断面に関わる。 ・人々に国家の起源を想起させる働き。 ・「歴史絵巻」の反映。植民地化プロセスを過去の歴史のストーリーとして捉える。 ・東北地方が植民地支配によってこうむった被害とそこからの闘争のプロセスを概観し、この歴史が今日の東北社会を築いてきたという物語を再確認する構成。	侵華日軍第731細菌部隊罪証陳列館、偽満皇宮博物館、撫順戦犯管理所旧址陳列館、東寧要塞博物館、9·18歴史博物館、侵華日軍呼倫貝爾戦争罪行展示館他

（出所）坂部晶子『「満州」経験の社会学 植民地の記憶のかたち』世界思想社、2008年3月、137～167頁より筆者作成

2　「愛国主義」のコメモレイション

右の坂部が行った二〇〇〇年から二〇〇二年にかけての調査以後、注目すべき動きとして「愛国主義教育基地」の整備がある。江沢民時代の一九九四年八月、中国共産党中央宣伝部は、「愛国主義教育実施綱要」を公布し、愛国主義教育基地の整備を積極的に進めたが、同綱要は、愛国主義教育基地と観光のリンケージを明確にしている点が興味深い。同綱要第二〇項には、「各種博物館、記念館、烈士記念建造物、革命戦争の重要な戦役、戦闘記念施設、文物保護部門、歴史旧跡、風景景勝、我が国の二つの文明建設成果の重要な展示、都市と農村での先進部門は、愛国主義教育を行う重要な場所である」と規定するとともに、第二三項は「各地の自然風景や文物旧跡・名勝景勝は、人々が祖国の壮麗な山河や悠久な歴史文化に対する熱烈な愛情の気持ちを高ぶらせるのに十分足りることができ、この方面での優位を発揮することに注意し、愛国主義教育を遊覧・観光の中に含ませる」などとうたわれている。

同綱要を踏まえ、民政部は一九九七年…第一期一〇〇カ所、二〇〇一年…第二期一〇〇カ所、二〇〇五年…第三期六六カ所、二〇〇九年…第四期八七カ所、二〇一七年…第五期四一カ所、計三九四カ所の愛国主義教育基地を指定している。

このうち、東北三省については、図表1－3の施設が指定されている。

図表1－2と1－3を比較すると、二〇〇〇～二〇〇二年の坂部による調査対象となった施設が改めて愛国主義教育基地に指定され、また新たに加わった施設がある一方、対象からはずれた施設も散

図表1-3　中国東北3省における愛国主義教育基地の指定状況

時期	遼寧省	吉林省	黒龍江省
1期(1997)	瀋陽"九一八"事変博物館 旅順万忠墓記念館 遼瀋戦役記念館 抗米援朝記念館 撫順雷鋒記念館	楊靖宇烈士陵園	東北烈士記念館 侵華日軍731細菌部隊罪証陳列館 鉄人王進喜記念館 璦琿歴史陳列館
2期(2001)	丹東鴨緑江断橋 瀋陽抗米援朝烈士陵園 黒山阻撃戦烈士陵園 葫蘆島市塔山烈士陵園 関向応故居記念館	四平戦役記念館及び四平烈士陵園 延辺革命烈士陵園 "四保臨江"烈士陵園	ハルピン烈士陵園 馬駿記念館
3期(2005)	撫順戦犯管理所旧址陳列館 平頂山惨案遺址記念館 遼寧東北抗聯史実陳列館 旅順日俄監獄旧址博物館	白山抗日記念地（楊靖宇将軍殉国地、那爾轟会師遺址、城壁砬子会議旧址等） 日偽統治時期遼源煤鉱死難鉱工文物館	チチハル西満革命烈士陵園 侵華日軍東寧要塞遺址
4期(2009)	趙尚志記念館 鉄西老工業基地展覧館 阜新万人坑死難鉱工記念館	吉林市革命烈士陵園 偽満皇宮博物院及び東北陥落史陳列館 白城市烈士陵園	侵華日軍虎頭要塞遺址 楊子栄烈士陵園 珍宝島革命烈士陵園 大慶油田歴史陳列館
5期(2017)	なし	なし	なし
施設数	17	9	12

（注）囲みのあるのは図表1-2と重複しているもの。また下線は、国共内戦、朝鮮戦争、文化大革命の英雄などのコメモレイションであり、抗日戦争関連以外のもの。
（出所）百度百科より筆者作成。

見される。改めて新たな基準で審査が行われ指定されたことが窺える。新たに指定された施設の背景を見ると、抗日戦争関連の施設が追加される一方、国共内戦、朝鮮戦争、文化大革命の英雄などの施設も少なくない。

他方、上述のとおり愛国主義教育実施綱要で愛国主義教育と観光をリンケージさせた結果、第一二次五ヵ年計画（二〇一一〜二〇一五）期間、愛国主義教育基地を周遊し革命の歴史を学ぶいわゆる「紅色旅游」が急速に拡大した。このことは、コメモレイションの対象が「抵抗と被害」から「愛国主義」へと多様化するとともに、コメモレイションの主体の裾野が拡大していることを示している。すなわち、「戦争」のコメモレイションは、時代背景によってその意味付けは異なるものの、これまで一貫して中国におけるコメモレイションの主流を占めてきたことは疑いなく、さらにその流れは強まっていると見ることができよう。

従来のメディア報道や研究においては、上記の「戦争」のコメモレイションを取り上げることが多く、実際、中国国内のコメモレイション施設のほとんどが「抵抗と被害」「愛国主義」をモチーフとしていると言っても過言ではない。

そうした中、異彩を放つ存在として、以下、「国際人道主義」と「開発協力」のコメモレイションに光を当ててみたい。

第二節 「国際人道主義」のコメモレイション

二〇〇八年に制作されて話題となった羽田澄子監督映画「嗚呼 満蒙開拓団」は、一九四五年八月の日本の敗戦に伴って満蒙開拓団を襲った悲劇と、今日に至る「残留婦人」「残留孤児」のその後の足跡を当事者のインタビューで構成した貴重な作品である。

その映画の舞台となった方正県は、中国・黒龍江省ハルピン市の東約二〇〇キロに位置し、松花江中流の南岸に面している人口約二六万人の、農業を主たる産業とする典型的な農村地帯である。この方正県の東部、炮台山の麓に〝中日友好園林〟が設けられ、その〝中日友好園林〟内には、〝日本人公墓〟〝中国養父母公墓〟〝藤原長作記念碑〟〝陳列館〟などが整備されていることが、「嗚呼 満蒙開拓団」のモチーフとなったが、この史実を知る日本人は必ずしも多くない[2]。

〝日本人公墓〟〝中国養父母公墓〟は、コメモレイションの観点からどのような意義をもつのか。これを「国際人道主義」の視点から考察するのが本節の目的である。

1 「寛容な人道主義精神」のコメモレイション：方正地区日本人公墓

まず、方正地区日本人公墓がどのような経緯で建設されたのか、坂部の先行研究[3]を手掛かりに素描してみたい。

避難開拓民約五〇〇〇人の死亡と残留婦人・孤児約四五〇〇人の発生

一九三二年、満州国が建国されると、方正県もその支配下に入り、方正県には四つの日本人開拓団が入植した（大羅勒密開拓団、伊漢通開拓団、李花小県開拓団、長野開拓団）。これらの開拓団は、方正県内の大羅勒密、伊漢通という松花江沿いの地域を中心に二十三の村をつくり、合わせて四五六戸、二一一四人が入植した。

一九四五年八月に日本は敗戦し、満州国は崩壊する。日本の敗戦やソ連軍の参戦があらかじめ伝わらなかった地域も多く、奥地に入植した開拓団からは、女性、子ども、老人を主体とした人々が、都市部や鉄道などのある地域へ向かって命がけの「逃避行」を行った。ほとんどの男性は、その年春の「根こそぎ動員」によって、軍に招集されていた。

松花江の水運が期待でき、また関東軍の貯蔵庫があったと考えられた方正県にはこうした開拓民が大量に押し寄せた。方正県外事僑務弁公室によれば、方正県はハルピン・ジャムスをつなぐ戦略的に要衝の地にあるため、当時方正県はソ連赤軍の軍事管制に置かれ、松花江の運航と陸路は閉鎖されていた。避難してきた開拓民は方正県の伊漢通郷開拓団本部と興農合作社一帯に集結し、その数は約一五〇〇〇人であった。すぐに零下四十度という酷寒の冬が訪れ、着るものも食べ物も欠き、飢えと栄養失調で開拓民の体力が尽きていく中、発疹チフスなどの伝染病が流行する。開拓団民は次々と倒れ、その結果死亡数は約五〇〇〇人に及んだ。その他の五〇〇〇人余りは帰国することができたが、約四五〇〇人の婦女と児童は方正県に残されることになった。[4]

生死の境にいた日本人女性と子どものうち数千人もの人々は、中国人の家庭に引き取られた。[5] 一九四六年二月には、新たな方正県政府が成立するが、この頃当地で亡くなった日本人開拓民たちの遺体処理が行われた。炮台山東側の楊二玄溝で、三つの山となった遺体、およそ四五〇〇体が三日三晩かけて焼かれたという。[6]

大量の遺骨の発見と周恩来の「日本人公墓」建設許可

新中国成立以降の一九五〇年代から六〇年代は、政治動乱と自然災害も加わり、人々の暮らしは苦しい時代であった。その中で、食糧増産計画のため炮台山付近を開拓していた残留日本人女性の一人[7]が、荒地を耕すなかで大量の白骨の山を発見する。それがかつての日本人開拓民たちの遺骨だと考えた彼女は、政府に埋葬の許可を求める。この請求を受けて、一九六三年、黒龍江省人民政府と方正県人民政府は、墓と墓碑を建設することを決定したのである。[8] その過程で、周恩来総理の許可（批准）を得たことは、現在の中日友好園林碑にも次頁のとおり銘記されている（筆者仮訳）。

この碑に記されている〝麻山地区日本人公墓〟には、いわゆる「麻山事件」での犠牲者五三〇人の遺骨が埋葬されている。一九四五年八月一二日、ソ連軍の進攻によって、鶏寧県（現黒龍江省鶏西市）にあった哈達河開拓団の団員は麻山地区に撤退を余儀なくされたが、ソ連軍に行く手を阻まれ、絶望の中、集団自決に追い込まれた。一九八四年、五三〇人の遺骨は方正県に移され、中日友好園林内の〝方正地区日本人公墓〟と並んで墓碑が建立されている。[9]

中日友好園林は、「北方僑郷」と称する方正県の東部に位置し、南は風景が秀麗な炮台山、北は松花江の傍らにある省級の文物保護施設である。

　中日友好園林の中にある〝方正地区日本人公墓〟は、周恩来総理の批准を経て、一九六三年に建立された。後に〝麻山地区日本人公墓〟がここに移転され、併せて全国唯一の〝日本人公墓〟となった。中日国交正常化以来、方正県人民政府は、年々公墓の建設管理を強化し、日本の民間のいくらかの友好団体も公墓の建設に支援を提供している。一九九四年、〝日本人公墓〟は三〇〇〇平米から一四〇〇〇平米に拡張された。一九九五年、方正県人民政府の決定により、〝日本人公墓〟を基礎として、現在の規模の〝中日友好園林〟として整備した。

　現在の〝中日友好園林〟は、〝日本人公墓〟〝中国養父母公墓〟〝藤原長作記念碑〟〝陳列館〟等に加え、〝和平友好〟〝中日友好植樹〟〝中日友好往来〟〝中日友好、世界和平〟等の記念碑を有している。

　中日友好園林は、中日両国人民の友誼の象徴であり、日本軍国主義の中国侵略の歴史の証人であり、両国人民が〝歴史を心に刻み〟〝平和を大切にする〟ことを追想する地である。

方正県人民政府　二〇〇六年七月二〇日

方正地区日本人公墓（右）と麻山地区日本人公墓（左）（2017年8月21日、筆者撮影。以下、本章における写真は、すべて同じ日に撮影）

日本人公墓というコメモレイションの意義

当時の中国は飢饉が続き、多くの中国人民の生活は逼迫していた。こうした中、かつての植民者たちの遺骨の埋葬と墓の建立が、中国側の地方政府の手によって行われたのは、かなり異例の出来事であったと言えよう[10]。

実際、公墓の建設は、「ハルピン市の朽ち果てた外人墓地の、所有者のわからない膨大な墓石の中から、一番大きく一番きれいなイタリア製の花崗岩を探しだし、優れた書家に碑銘を刻んでもらった高さ三・三mの石碑は、二日がかりで、ハルピンから方正まで運ばれた[11]」という費用と人手をかけたものであった。

こうしたコメモレイションの意義をどう考えるか。第一節で論じた「戦争」のコメモレイションが「革命英雄たちの慰霊と顕彰」、「過去の帝国主義侵略を忘れず現在も発展途上にある社会主義革命を推進していくための教育」、「植民地支配によってこうむった被害とそこからの闘争のプロセスを概観し、この歴史が今日の東北社会を築いてきたという物語を再確認」であったとすると、これらと同列には論じられないであろう。

確かに、中日友好園林碑には「日本軍国主義の中国侵略の歴史の証人であり、両国人民が〝歴史を心に刻み〟〝平和を大切にする〟ことを追想する地である」と銘記され、侵略の歴史を想起する場としての位置づけをされているが、もう一つの重要なことは、「国際人道主義」のコメモレイションとしての役割も担っていることだと筆者は考える。

そもそも周恩来総理が、日本人植民者の公墓建設を許可した背景には「軍民二分論」があった。一九七二年九月二五日、日中国交正常化交渉のために訪中した田中角栄総理、大平正芳外相らの歓迎宴会でのスピーチで、周恩来は「一九九四年から半世紀にわたる日本軍国主義者の中国侵略によって、中国人民はきわめてひどい災難をこうむり、日本人民も大きな損害をうけました。前の事を忘れることなく、後の戒めとするといいますが、われわれはこのような経験と教訓をしっかり銘記しておかなければなりません。中国人民は毛沢東主席の教えにしたがって、ごく少数の軍国主義分子と広範な日本人民とを厳格に区別してきました」と述べ、この考えは毛沢東の考えであることを強調している。[12] そしてこの考えは、国交正常化交渉のかなり前から一貫したものであったことも、一九五九年当時周恩来から直接聞いた西園寺一晃が証言している。[13] さらに国共内戦時に留用された日本人技術者に関連し、中国中日関係史学会会長の厲以寧は、「中国共産党の政策は、侵略戦争に反対の立場を貫くこと、あの戦争は日本軍国主義の責任によるもので、日本国民の責任ではないこと、あの戦争は中国人民にひどい災難を与えたとともに、日本国民も大きな損害を受けたこと、日本軍国主義と日本国民を区別し根にもたないこと」であったと述べている。[14]

こうして党中央が「軍民二分論」に基づき、一般の日本人を戦争責任の頸木から切り離したことにより、酷寒の方正県で生死の境を彷徨う難民となった多くの日本人は中国家庭へ引き取られ、犠牲者の埋葬のための公墓を建立することが可能となったのである。

こうした中国側の対応を、残留日本人は中国の「人道主義」の発露と受け取った。例えば、大学卒業後中国大陸に渡り、終戦後、瀋陽に足止めされた在留邦人の引き揚げに奔走し、帰国後自民党政務調査会調査役を務めた石井貫一は、一九九四年に方正地区支援交流の会の代表団を率いてハルピンを訪れた際のスピーチで以下のように述べている[15]（傍線は筆者）。

……数え切れないほど多くの日本人の開拓民が飢えと寒さに直面しながら、死の彷徨を余儀なくされているときに、この地の中国人民の皆さんが昨日までの恨みを愛に変え、崇高な人道主義の立場に立って、私たちの同胞に救援の手を差し伸べてくれました。これは私たちが子子孫孫まで語り継がねばならない大恩だと思っております。

……黒龍江省人民の熱いヒューマニズムは敗戦直後だけの一時的なものではありませんでした。敗戦直後の混乱の中で、不幸にして祖国に帰ることができず、この地で力尽きて死んだ多くの同胞たちの遺骨が野山に放置されたままでは忍びないと、一九六三年、方正県、黒龍江省の関係部門、関係各位はさまざまな困難を排除し、中央政府の批准を得て、方正県に日本人公墓を建立してくださいました。

……戦争が日本人同胞に残したもう一つの傷痕は、敗戦後九死に一生を得てこちらに残った同胞たち、いわゆる残留孤児、残留婦人であります。孤児たちを引き取って養育してくれた養父母たち、孤児や残留婦人の第二世代、第三世代を温かく見守ってくれた政府や地域住民の心の広さと愛情の深さにどう感謝していいか言葉が見つかりません。

一方、中国側の意図するところは、中日友好園林碑に示された内容以外は明らかではないが、次項で紹介する郭相声・曹松先・林長山編著『藤原長作先生在方正』での作者の記述をもとに考えてみたい。藤原長作が、日本人公墓に赴いた際の場面を、郭相声らは以下のように描いている（傍線は筆者）。

……この同胞のお墓は、当時の日本の侵略戦争の証明であり、中華民族の以徳報恩（徳を以て恩に報いる）、人道主義精神の大きさに胸が一杯となった。[16]

……藤原先生は同胞のお墓の前で涙が止まらず、心の中で叫んでいた。罪深い日本のファシストたち、彼らは中国人民に深く重い苦難を与えただけでなく、同時に自らの民族を火の海に投げ入れた。この償いきれない罪悪は、平和を愛する中華民族と日本の大和民族の骨に刻み心に烙印を押した。中国人が死んでもその墓は一塊の黄土の土盛にすぎないが、敵国の死者にはコンクリートのお墓を建てるという、中国人民の度量の広い心を見た。寛容な人道主義精神に藤原は深く考えいった。[17]

上記の日中双方の内容を敷衍すれば、日本人公墓というコメモレイションには、侵略の歴史を想起するという他の施設と共有する意義を有するにとどまらず、中国の寛容な人道主義精神と度量の広さを記念・顕彰するという、特別な意義も有してきたと考える。

2　「報恩」のコメモレイション：中国養父母公墓

中日友好園林内に建立されたもう一つの石碑と墓は「中国養父母公墓」である。敷地の入口には「養育之恩　永世不忘」と大きく記され、その建立の意図を明示していた。建立したのは、中国人の養父母に育てられた「元残留孤児」の会社役員遠藤勇で、遠藤は建設費二〇万元（約二五〇万円）を寄付し、方正県人民政府が管理運営している。[18]

遠藤は、岩手県に生まれ、一九四一年に家族をあげて三江省（現在の黒龍江省の一部）依蘭県に入植した。一九四五年八月のソ連進攻により命からがら方正県の難民収容所に避難したが、当時五歳だった遠藤の家族は次々と死亡し、残された叔父はやむなく遠藤を中国人の家庭に預けることを決断する。幸い養父母は遠藤に優しく黒龍江大学まで進学させてくれた。文化大革命に巻き込まれながらも遠藤は生き抜き、日中国交正常化とともに、一九七三年、帰国許可が下りる。

帰国を果たした遠藤は、日本での事業で成功したが、養父母への恩を忘れず、仕送りを続け、日本にも招いた。その後養父は亡くなったため、養母を一旦日本に招いて同居したが、日本に馴染めず中国に帰国し、その養母も亡くなる。

当時の中国の農村では、墓地として明確な場所があるところは少なく、また日本人残留孤児を養育してくれた養父母たちは概して生活は貧しく、墓地の用意などできない人たちが多かったことから、遠藤は養父母への報恩のために「中国養父母公墓」建立に奔走した。かつての侵略者である日本との問題という政治的な絡みもあり、一時は頓挫しかけたが、最終的には「養育してくれた養父母たちへ

中国養父母公墓（筆者撮影）

の報恩の気持ち」が相手を説得したという。[19]

　こうした「報恩」のコメモレイションは方正県だけではない。佟岩・浅野慎一によれば、残留孤児ではないが、旧満州時代、長春でしばらく暮らし、戦後日本に帰国した笠貫尚章は、残留孤児を育てた中国人養父母のために何かしたい、長春市に住む養父母のために一棟のアパートを寄付したいとの意向を長春市長に伝えた。笠貫の寄付で建てられた中国の養父母の住宅は、通称「中日友好楼」と呼ばれ、多くの養父母がこの住宅に引っ越し、一番多いときには三二戸に達したという。[20]

　また、瀋陽市の「九・一八歴史博物館」には、一〇〇〇人以上の残留日本人孤児たちが自発的に寄付金を出し建てた『中国養父母に感謝の碑』があるという。[21]

　本節においては、方正県における終戦時の日本人「難民」救済という国際人道主義のコメモレイションと、養父母への報恩のコメモレイションの事例を見てきた。次節においては、さらにこうした経緯にも連なる「開発協力」のコメモレイションとして、黒龍江省における藤原長作の稲作技術協力の事例をとりあげてみたい。

第三節 「開発協力」のコメモレイション

李海訓の研究[22]によれば、黒龍江省における日本の稲作技術の展示・伝播は三つのルートがあったという。すなわち、個人レベルで行われた方正県における藤原長作（以下、「藤原」）と、次章で取り上げる海倫県における原正市による畑苗育苗技術、及び政府レベルで行われた三江平原における竜頭橋モデル地区事業である。

藤原自身は黒龍江省でのみ稲作技術協力を行い、訪中回数も一九八一年を皮切りに八〇年代前半を中心とした六回程度にとどまっている。省内及び全国への技術普及は、藤原が育てたカウンターパートたちが担ってきた。

他方、原正市は一九八二年からの十七年間で合計四九回もの訪中を行い、中国滞在日数は一六八六日に及び、三市二四省（区）の二一四市県を巡回するなど、自らが精力的に全国をかけ回った。その結果、李海訓によれば、中国においては原の方が藤原より全国的に知名度が高くなったようで、一九九〇年に国家友誼奨を受賞した原は、一九九八年一一月の江沢民訪中の際に、他の農業専門家とともに北海道で江沢民と面会する栄誉も得ている（藤原は同年八月没）。

しかしながら、藤原が行った協力は、改革開放への転換点という時代背景に加え、方正県という、日中関係史において特別な意味を持つ地域が舞台であったこと、さらに藤原自身が貧農の出身であり、小学校を出てすぐ農業に従事したという異色の専門家であったことなど、日中開発協力史の中で異彩を放つ人物であり、なかんずく、コメモレイションの視角からは、多くの示唆を与えてくれる存在である。

本節においては、筆者が二〇一七年八月に行った現地調査で得られた情報を整理しつつ、藤原の事例について考察してみたい。

1　藤原長作記念碑

藤原長作記念碑は、二〇〇四年九月、中日友好園林内に中国方正県人民政府と日本国岩手県沢内村の共同名義で建立された。碑文には以下のとおり銘記されている（筆者仮訳）。

藤原長作（一九一二年一二月三日―一九九八年八月七日）、日本国岩手県沢内村出身。一九八一年から一九九八年まで、古希の年を以って中日友好事業に身をささげ、前後六回、自分から望んで、自費で方正に来訪し、無償で寒地水稲乾育栽培技術を伝授し、方正県ないし全中国の水稲生産技術革新に突出した貢献をし、方正県と日本国との科技交流の成功モデルとなった。その後、沢内村村長太田祖電の推薦を経て、佐々木寛、有馬富男が方正で水稲超稀植試験を進め、藤原長作水稲栽培技術をさらに豊富に発展させた。藤原長作には「方正県栄誉公民」が授与され、黒龍江省科技貢献奨、中国国際合作奨を獲得した。

藤原長作記念碑自身には、建立目的は具体的に記されていないが、中日友好園林自体が「中日両国人民の友誼の象徴であり、日本軍国主義の中国侵略の歴史の証人であり、両国人民が〝歴史を心に刻み〟〝平和を大切にする〟ことを追想」するための場との位置づけがなされていることから、藤原の貢献を追想・顕彰し、中日両国人民の友誼と平和を祈念するためのコメモレイション施設と考えられよう。

藤原自身がなぜ方正県での稲作協力を行うことになったかについては後述するが、侵略戦争への贖罪と平和への願いがその根底にあったことから、藤原長作記念碑は中日友好園林の設立趣旨に合致していたということができよう。なお、藤原の没から四年後の二〇〇二年、本人の生前の希望に基づき、関係者の手で遺骨の一部が日本人公墓に埋葬されている。

藤原長作記念碑（筆者撮影）

2 藤原長作への表彰

外国人専門家へのコメモレイションの形式の一つとして、表彰制度があるが、藤原は方正県から「方正栄誉公民証書」、黒龍江省から「科技貢献奨」、国家外国専門家局から「特別栄誉証書」、中華人民共和国農業部から「国際農業科技合作奨」をそれぞれ受賞している。

また、国家指導者との接見も表彰に準じるコメモレイションの場と考えれば、藤原は一九八一年と八四年に王震副総理と、一九九〇年に李鵬総理と接見する栄誉に浴している。

3 「方正稲作博物館」と「方正水稲研究院」

中国初となる稲作博物館が、二〇一一年、方正県に開館している。その博物館の入り口に掲げられた「前言」では、藤原の業績を、英語・中国語・日本語の三ヵ国語併記で以下のとおり説明している。

一九八一年に日本の水稲専門家藤原長作先生と一緒に「寒地水稲乾育栽培技術」の試験に成功した。水稲の単位面積産量は二〇〇キロから五〇〇キロに上がった。一九八八年一一月に、この技術は「中国科学技術進歩賞」の二等賞を獲得した。一九八九年、中国科学技術委員会はこの技術を重要な普及プロジェクトに列した。「八五（第十一次五ヵ年計画）」期間、全国の栽培面積は二・三億ムーに達し、平均単位面積産量は八四・六三キロで、一五二・七億キロの籾も増産した。これは寒地水稲乾育栽培技術に新紀元を開き、国家糧食安全の保障にも大きな貢献をした。

また、展示スペースにおいても、「藤原長作と寒地水稲乾育栽培技術」というテーマを掲げ、詳しく説明する大型パネルを設置し、藤原の来華以後の協力過程と増産過程が、写真入りでつぶさに説明されている。[23]

「稲の道」に展示される李鵬総理と接見する藤原長作の写真（筆者撮影）

方正稲作博物館（筆者撮影）

方正水稲研究院（筆者撮影）

方正県の農業発展の歴史的段階を示すパネルは、「原始篇」「初級篇」「変革篇」「貢献篇（伝播篇）」「現代篇」と区分けしているが、藤原が協力した時代は「変革篇」として描かれている。

方正のインターチェンジを降り、市街地に向かうと、左手に「方正水稲研究院[24]」の文字がひときわ目立つガラス張りのモダンな建物が目に入る。

方正水稲研究院は、ハイテク技術試験や、農業改革の諸課題を担う総合的な機能を有するが、院内の一連の展示の中で、方正の水稲発展の歴史が説明されており、そこでも一九八一年から「日本農民専門家藤原長作先生の寒地水稲乾育稀植栽培技術」が導入されたことが記されている。

4 「稲之道」（藤原長作展示館）

方正県徳善郷徳善村にある「稲之道」という看板を掲げた稲作の展示館には、方正県の稲作の歴史や商品の展示以外は、ほとんど藤原の技術指導時の農村での写真や、李鵬総理、王震副総理との接見、国外智力導入領導小組、農業部、方正県などからの表彰場面の写真が占めている。さらに驚くことに、藤原が農村での生活の中で実際に使った食器や麦わら帽子などの生

当時藤原が使用していた生活用品の展示（筆者撮影）

藤原が寄宿した農民の家の写真（筆者撮影）

活物品までが丁寧に保存・展示されている。

こうした展示によって、藤原の苦労を偲び、当時の協力を想起し、その貢献を記念・顕彰するという役割を担っていることが見て取れた。

5 『藤原長作先生在方正』に描かれた農民専門家・藤原

藤原の生涯を描いた文献としては、これまで、日本で出版された及川和男『米に生きた男 日中友好水稲王＝藤原長作』、朝日新聞社「種をまく人」『昭和にんげん史』、大類善啓「水稲王 藤原長作物語 中国の大地に根づいた日中友好の絆」『風雪に耐えた『中国の日本人公墓』ハルビン市方正県物語』があった。

一方、中国側においても、二〇一二年に、郷土史研究家、郭相声氏が藤原の評伝とも言える『藤原長作先生在方正』を共著で香港の出版社から出版している。日本の著名作家の作品を中国で翻訳出版する例はあるが、藤原のように地方で活動した外国の一農業専門家の評伝を中国人が執筆し出版するというのは

郭相声・曹松先・林長山編著『藤原長作先生在方正』の表紙

極めて稀有な事例と言って間違いない。二七七頁に及ぶこの評伝は、中国側の視点から見た藤原が詳細に描かれている点で極めて貴重である。以下、コメモレイションの観点から興味深い点を挙げてみよう（引用部分はすべて筆者仮訳）。

①中国側が藤原を受け入れるまでの過程――贖罪と四つの近代化への貢献

藤原が方正県に正式に赴任するのは、一九八一年四月の方正県人民政府からの招聘状によるものだが、招聘状が発出される背景となったのは、その前年、一九八〇年六月に日中友好協会が派遣した「日中友好黒龍江省農業視察訪中団」への参加であった。

同訪中団来訪時、方正県政府会議室で県の歴史上初めての外国との科技交流となった「中日友好農業科技交流会」が開催された。この交流会の場では、藤原が報告した、水稲低温冷害を解決する研究成果について注目が集まった。

当時の方正県の単位当たり生産量は、一ムーあたり一〇〇〜一五〇キロ[25]であったが、藤原は、一ムーあたり四〇〇〜五〇〇キロが可能としたのである。出席した中国関係者は、皆息を止め、お互いに疑いの目でみたという。藤原はこう続けた。

> もし皆さんが自分を歓迎してくれたら、自分の増産技術を普及させたい。技術伝授の目的は、中日両国人民の世世代代の友好と、貴国が早期に四つの近代化を促進するためである。過去、日本の

軍国主義分子が中国を侵略し、多くの無辜の中国人に危害を加えた。私は当時中国にまだ来ていなかったが、日本国民として深く疼きを感じる。自分は共産党ではないが、ベチューインを知っている。彼は偉大な国際主義戦士であり、私は彼に学ばなければならない。自分が伝授する技術に報酬は要らない。日中友好の架け橋になり、自分の実際の行動を以って、中国人民に罪を償いたい。

藤原の言葉は、「日中双方の人々を感動させ、震撼させ、十秒の沈黙後、嵐のような拍手が起こった」という。県長は手を差し出し、「尊敬する藤原先生、我々はあなたを方正に歓迎する」と述べた。そして翌年、方正県政府は、黒龍江省政府の指導の下、招請状を発出したのである。

この一連のやりとりは、藤原の人柄と、協力に取り組む姿勢を地元の人々に強く印象付け、想起させるNarrative（物語）の役割を果たしたものと考えられる。

②稲作革命の「星火燎原」――方正県による国内稲作技術支援の展開

藤原が伝えた水稲乾育稀植技術が方正県で大成功をおさめた後、次のステップとして、方正県から陝西省や内蒙古自治区、河北省への普及が行われる。

一九八六年一月、中国共産党黒龍江省委員会、黒龍江省政府は、方正県政府を一九八五年度「農業技術拡大先進県」として表彰した。同年二月、方正県と黒龍江省科技協会が組織した水稲乾育稀植諮詢サービス小組が陝西省、内蒙古自治区等で諮詢サービスを行うと同時に、七つの試験地点を視察した。これは方正県が派遣した農民技術員が、初めて省外で水稲乾育稀植を技術指導した事例となった。一九八九年、方正県は河北省の試験地点でも成功をおさめ、さらに一九九〇年初め、方正県は新疆ウイグル自治区でトレーニングコース、試験栽培を実施し、同地区に適応した水稲乾育稀植高産栽培技術が形成される。

このように方正県の乾育稀植技術は短期間で全国各地に普及し、高く評価されていく。藤原の伝えた技術が方正県や黒龍江省の空間にとどまらず、藤原のカウンターパートの手によって主体的に中国全土に普及していったことは、方正県にとっての誇りとなり、コメモレイションを支持する役割を担ったことが考えられる。

③日中草の根技術交流の開始——方正県と岩手県沢内村

藤原の訪中をきっかけに、方正県と藤原の出身地である岩手県沢内村の交流が一九八三年から始まる。一九八三年七月、沢内村から方正県への第一次友好訪問が行われた。これは前年一九八二年一二月、黒龍江省科技委の張副主任が訪日した際、岩手県沢内村まで出向き、太田祖電村長らと会談し、太田村長の方正県訪問の打診があったことが契機となったものである。

太田村長らが方正県滞在中に出席した座談会では、沢内村議会会長が牛の種を改良した経験や豚の冷凍精液で人工授精する技術などを紹介したが、この会議で方正県から一名の農業技術員、一名の畜産技術人材と二名の医療人材を沢内村に派遣し研修させることで合意した。こうした草の根レベルでの技術交流・人的交流は、未だ改革開放が始まったばかりの時代背景を考えると、極めてユニークであった。

このように、藤原を介して、草の根レベルの一行政単位にすぎない方正県と岩手県沢内村とのつながりが生まれ、技術員派遣を伴う具体的な日中草の根技術交流にステップアップしていったことも、コメモレイションを支持する役割を担ったと考えられる。なお、こうした日本とのつながりは、その後の日本への移住者の増加、経済関係の密接化の端緒となり、現在では在日の方正県華人・華僑は三・八万人にも達し、県総人口の約一八％を占めると言われている。[26]

④中国農業発展史の中の袁隆平と藤原長作

中国・江西省出身の袁隆平は、「雑交水稲の父」と呼ばれ、中国における水稲育種のパイオニア的存在であることは中国の国民に広く知られている。同書においては、「南には袁隆平、北に藤原長作がおり、南北の挟撃により、中国の農業の伝統的な稲作の歴史を変えた」との記述があり、藤原を袁隆平と並ぶ水稲専門家とまで高く評価していることは特筆すべきであろう。

藤原を袁隆平のイメージに重ね合わせることにより、コメモレイションの効果が一層高まっているものと考えられる。

6 「償い」と「発展」のコメモレイション

『藤原長作先生在方正』の白眉は、藤原が一九八〇年に訪問団の一員として方正県を訪れ、日本人公墓で犠牲者の追悼後、農業科学技術交流会の場で、技術協力を申し出た場面であろう（5・①参照）。藤原はベチューイン（抗日戦争に参加し殉職したカナダの医師）と重ね合わせ、自らは日中戦争に直接参加していないが、農業技術を以って侵略戦争の償いをしたいとの思いを率直に述べた。

改革開放が始まった直後で、外国人、しかもかつて中国を侵略した日本人を長期に受け入れることは、政府としても、また庶民感情からも極めてハードルが高かったことは同書からも読み取れる[27]。最終的に藤原が方正県で受け入れられ、歓迎され、協力を成功に導くことができたのは、藤原の侵略戦争への反省と、中国の国際人道主義への感謝の気持ちが中国側を動かしたからにほかならないであろう。その過程において、日本人公墓が決定的な役割を果たしたことは既述のとおりである。

このように、藤原長作記念碑は、銘記はされていないが、藤原の中国への「償い」の思いと、藤原の方正県「発展」への貢献を中国側が永く記念し顕彰するためのコメモレイションの役割を果たしてきているものと考えられる。

以上、コメモレイションを「戦争」「国際人道主義」「開発協力」の三つに腑分けして論じてきたが、次節において、この三つのコメモレイションが共存する方正県において、近年日本側はどのように向き合ってきたのかについて概観してみたい。

第四節　戦争・国際人道主義・開発協力の集合的記憶の場としての方正県と日本

1　「方正地区支援交流の会」の発足

前出の石井貫一によれば[28]、方正地区支援交流の会の源流は、一九八八年の仮称（財）日中愛善協会設立構想に遡る。紙幅の関係で詳細を省略するが、ある篤志家から全財産を在外日系人のための有意義な事業等を行う団体創設資金として遺贈の申し出があり、石井ら関係者が相談した結果、中国に定住を余儀なくされている中国在留邦人（孤児及び婦人）とその二世、三世及び養父母ならびに地域住民等に対する支援を講ずる団体設立に向けることが最も時宜に適合するとの結論となった。

石井らは新団体設立への準備を進めるが、設立直前に篤志家が逝去したことから事情が変わり、結局構想は頓挫する。そのため準備事務局も閉鎖されるが、方正県代表団の訪日等を契機に、一九九三年五月、方正地区支援交流の会が正式に発足することとなった。

方正地区支援交流の会は、一九九三年七月に第一次訪中団を派遣するが、大きな目的は、政府開発援助（ＯＤＡ）を活用した農業プロジェクト実施による方正県支援について中国側と合意を得ることであった。同会は訪中前に外務省とＪＩＣＡに対し、プロジェクト実施案を示し、協力を要請していた。

2　政府開発援助（ODA）プロジェクトの実施

方正地区支援交流の会が提案した農業プロジェクトは、その後二国間の正式チャネルに乗り、一九九六年七月から三ヵ年にわたる専門家チーム派遣「水稲機械化と肉用牛生産振興」として実現に至る。JICAは三年間で長期専門家三名、短期専門家一三名の派遣、中国側研修員六名の本邦受け入れ、機材供与約七〇〇〇万円の投入をおこない、一九九九年六月、所期の目的を達成して終了した。[29]

右のJICAを通じた技術協力に加え、在瀋陽日本総領事館は、図表1－4に示す五件の草の根無償資金協力を実施している。

3　日中の狭間に揺れる「日中友好交流の聖地」

一九九三年に発足した方正地区支援交流の会は、一九九五年にハルピン―新潟間直通の不定期便が開設されたことを契機に第五次訪中使節団を組織し、同年八月九日のソ連軍の進攻の日に現地に赴いて、慰霊祭と平和集会を開催、

図表1-4　方正県に対する草の根無償資金協力実施実績

案件名	実施年度	供与額(米ドル)
方正地区農村青年自興塾における農村技術支援計画	1995	8,064
黒龍江省方正県県民生活向上計画	1995	99,913
黒龍江省ハルビン市方正県徳善郷双鳳村飲用水改良計画	2008	87,763
黒龍江省ハルビン市方正県方正鎮八名村飲用水改良計画	2008	75,267
黒龍江省ハルビン市方正県伊漢通郷衛生院建設計画	2008	87,046
黒龍江省ハルビン市方正県連携公衆衛生計画	2011	92,618

（出所）在瀋陽日本総領事館HP　http://www.shenyang.cn.emb-japan.go.jp/jp/economic/caogen/sheet_h_hrb.htm（2019年2月16日閲覧）

併せて方正宣言を行った。[30] 日中戦争終結五〇周年の一九九五年八月九日に発せられた方正宣言は、最後以下のように締められている。

この貴い志と実績を次の世紀へ、次の世代へつないで行かなければならない。過去を忘れない心と、未来永劫の平和を希う意志によって、他に類をみない日中友好交流の聖地をこの地に打ち建てることをここに誓う。

他方、一九九九年に訪日した、方正県第一一次代表団は、自民党の歓迎を受け、当時の野中広務内閣官房長官から、「北京は中国の政治の中心、上海は経済の中心、方正は日本人の魂の中心」との言葉をもらったという。[31]

こうした〝美談〟が方正県と日本の関係の基調となっている一方、方正県の中日友好園林をめぐっては、方正県を〝漢奸（漢民族の裏切者）県〟と誹謗し、一部の活動家が〝日本開拓団民亡者名録（日本開拓団死亡者名簿）〟の碑にペンキをかけるという事件が二〇一一年八月に発生している。問題の拡大を恐れた方正県政府は、まもなく慰霊碑撤去に追い込まれる。[32]

この事件をめぐって、『藤原長作先生在方正』の著者はこうした行為を戒め、一部要約すると以下のように記している（筆者仮訳）。

……開拓団は、日本の戦争の犠牲者であり、侵略集団に属していたとしても、彼らは日本政府の棄民である。こうした難民と日本の戦犯の名簿の区別はないのか？

……自分は、〝日本開拓団民亡者名録〟の措置は賢い行いであり、中国の大地に戦争を警示し、中日人民を平和に向かわせるための喚起をする警示の碑であると認識している。

……この本は、〝漢奸県〟で起きた、日本人の物語である。どれほどの社会効果があるか筆者には予測がつかないが、藤原精神を弘揚させることは、中国作家の良心であり、歴史的責任であると考える。

しかし、報道によれば、この事件により『藤原長作先生在方正』の出版が困難に陥った。二〇一一年に原稿が完成し、出版契約まで至っていた出版社が、この事件の影響を恐れたためである。[33] 右から垣間見えるのは、「国際人道主義」のコメモレイションの脆弱性である。「愛国主義」を前面に打ち出すナショナリズムが高揚することにより、標的となるリスクに晒されることを二〇一一年の事例が示している。

また、「開発協力」のコメモレイションも強固なものではない。ＯＤＡプロジェクトを導入して方正県支援を牽引した石井貫一が二〇〇三年に亡くなると、方正地区支援交流の会は一旦休止状態に入る。その後、方正地区日本人公墓の存在を多くの人たちに知ってもらおう、公墓建立の精神、その輝かしい国際主義的な精神を多くの日本人に知ってもらおうとの目的で、新たに「方正友好交流の会」

として衣替えする。[34] 同会の名称から「支援」が消えたことからも分かるように、既に方正地区への開発協力を行うことは会の主な目的ではない。日中関係の低迷を受けて、日本との民間経済関係の発展も鈍化している。「開発協力」の新たなコメモレイションづくりは容易ではない。

本章においては、戦後和解プロセスにおける「記憶化・記念化」のあり方、とりわけこれまでほとんど議論されてこなかった「開発協力の記憶化・記念化（コメモレイション）」も俎上に載せて考察を試みてきた。

以下、本章で論じたポイントを要約しつつ、「開発協力のコメモレイション」の今日的意義を整理してみたい。

コメモレイションの対象になるのは、「戦争」においては一九四五年以前の抗日戦争、「国際人道主義」においては、一九四五年以降の難民化した満蒙開拓団員の救済、残留孤児・婦人の中国人家庭への受け入れ・保護・養育、日本への帰還支援など、「開発協力」においては民間の専門家によるボランティア（藤原、原の例）、ＯＤＡ、[35] 民間企業の経済技術協力、などである。

現状は、この中で「戦争」のコメモレイションが突出して多いことは異論がなかろう。これらは国家の政治的・イデオロギー的な意図と密接に結びつき、国民形成を促進し、国家との一体性を醸成するツールとしても機能してきた。こうした趨勢は、冷戦終焉後、江沢民時代の愛国主義教育基地の整備により加速し、習近平時代においても「中華民族の偉大な復興」のスローガンの下、さらに強まるであろうことは容易に想像できよう。

これに対して、「国際人道主義」「開発協力」のコメモレイション拡充の動因は乏しい。二〇一一年の方正県の事件の事例を見ても、崇高な理想として理解できるものの、予想外のリスクに晒されることは「割に合わない」として消極的にならざるを得ない面があるからである。[36]

しかし、であるからこそ、「国際人道主義」「開発協力」のコメモレイションに関心を持ち、支持し、発展させていくことに意義を見出せよう。コメモレイションが「戦争」一色となり、「国際人道主義」「開発協力」とのバランスを著しく欠くことは、健全な日中関係の発展にとって望ましいことではないからである。「抵抗と被害」「愛国主義」から「寛容な人道主義精神」「報恩」「償いと発展」のコメモレイションへのシフトが望まれよう。

方正県で異彩を放つのは、戦争・国際人道主義・開発協力のコメモレイションの「共存空間」である。中日友好園林を訪れた多くの人々は、無意識のうちにこのことを体感し、その心の作用が自ずと人々を突き動かし、方正地区支援交流の会のような民間団体を結成させてきたものと考える。こうした「共存空間」を通じ、戦争から国際人道主義、さらに開発協力へと連なる、バランスのとれた日中の「公共の記憶」が醸成されることが期待できる。

1　坂部晶子『「満州」経験の社会学 植民地の記憶のかたち』世界思想社、二〇〇八年三月、一三九頁
2　羽田自身も旧満州、大連生まれで、日本に引き揚げてきたのは戦後三年経った一九四八年であるが、中国人がハルピンに近い方正県に日本人公墓を建立してくれたことは、二〇〇二年頃、方正友好交流の会会報「星火方正」を通じて初めて知り驚いたと

述べている（羽田澄子「映画「嗚呼 満蒙開拓団」を作って」日本中国文化交流協会『日中文化交流』二〇〇九年三月一日）。これからも分かるように、この事実は旧満州引揚者においてさえ、最近まで必ずしも広く知られていなかった。
3 坂部晶子「交錯する農村の近代―岩手県沢内村と黒龍江省方正県」『記憶と忘却のアジア』青弓社、二〇一五年三月、一五一～一五六頁
4 方正県関係者からの聞き取り。二〇一七年八月二一日。
5 方正県における難民収容所の実態、中国人家庭に引き取られるまでの経緯については、佟岩・浅野慎一『中国残留日本人孤児に関する調査と研究 上』不二出版社、二〇〇八年一二月、九五～一〇五頁に詳細に描かれている。
6 坂部晶子、前掲書、一五三頁。なお、羽田澄子監督映画「嗚呼 満蒙開拓団」においても、実際に焼却作業に携わった開拓団員のインタビュー場面があり、凄惨な光景を回想している。
7 映画「嗚呼 満蒙開拓団」において、白骨の山を発見した松田ちゑ氏が当時の状況を詳細に語る場面がある。
8 坂部晶子、前掲書、一五三頁。
9 佟岩・浅野慎一『中国残留日本人孤児に関する調査と研究 上』不二出版社、二〇〇八年一二月、四一頁、坂部晶子、前掲書、一五四頁。
10 坂部晶子、前掲書、一五三頁。
11 大類善啓「（私の視点）日中友好 日本人公墓を知っていますか」『朝日新聞』、二〇〇七年一〇月一〇日朝刊
12 中華人民共和国外交部中共中央文献研究室『周恩来外交文選』中央文献出版社、一九九〇年五月、四九四頁、時事通信社政治部『ドキュメント 日中復交』時事通信社、一九七二年一二月一七八～一七九頁
13 石井明・朱建栄・添谷芳秀・林暁光『記録と考証 日中国交正常化 日中平和友好条約締結交渉』岩波書店、二〇〇三年八月、二五一～二五三頁
14 中国中日関係史学会『新中国に貢献した日本人たち―友情で綴る戦後史の一コマ』日本僑報社、二〇〇三年一月、九頁。
15 石井貫一編著『日本と中国 その底辺を翔けた七〇年』東洋医学舎、二〇〇三年四月、六六～六七頁。石井は、「方正地区支援交流の会」を立ち上げ、方正地区の農業支援のための政府開発援助（ＯＤＡ）プロジェクトを実現し、そうした功績を讃えられ、一九九八年に国家友誼奨を受賞している。
16 郭相声・曹松先・林長山編著『藤原長作先生在方正』中国香港天馬図書有限公司、二〇一一年一〇月、一五頁。
17 郭相声・曹松先・林長山、前掲書、二〇九頁。

18 「中国・黒竜江に「養父母公墓」を建設、恩返し　元残留孤児の遠藤さん」朝日新聞、一九九五年一一月一五日夕刊。
19 大副敬二郎「報恩の「中国養父母公墓」自力で建立した遠藤勇の物語」『異国に耐えた『中国の日本人公墓』ハルビン市方正県物語』東洋医学舎、二〇〇三年四月、四〇〜四七頁。
20 佟岩・浅野慎一、前掲書（下）二八二〜二八五頁。
21 佟岩・浅野慎一、前掲書（下）二九〇〜二九一頁。
22 李海訓『中国北方における稲作と日本の稲作技術』東京大学社会科学研究所、二〇一四年三月、一一一頁。
23 藤原が行った稲作技術については、中国において専門的な報告や学術的論文が多数発表されている。例えば、国家外国専家局政策法規司「緑色的希望――記水稲旱育稀植技術」『農村工作通訊』一九九六年三期、劉漢学「政府協調強化服務是水稲旱育稀植技術推広的関鍵」『科学学与科学技術管理』一九九六年九期、王雲中「方正県挙弁寒地水稲稀植技術培訓班」『成人教育』一九八三年四期、張従元「辛苦耕耘近八年 農民増収十三億――記〝水稲王〟藤原長作」『国際人才交流』一九八九年一期、朱国政「寒地水稲旱育秧稀植栽培技術調査報告」『黒竜江省農業科学』一九八三年一期。
24 研究院の研究内容は、①水稲新品種試験、②水稲ハイテク栽培技術試験、③水田生産精準化作業、情報化管理であり、研究院の周辺にはハイテク技術試験モデル園区（二〇〇ムー）がある。ここでは、水稲新品種試験、水稲ハイテク栽培技術試験、さらに水稲智能化管理などの高度な研究が行われている。
25 原著では「二〇〇－三〇〇斤」と表記。一斤は〇・五キロ。
26 杜国慶「青田と方正の比較にみる僑郷都市機能の変化と差異」『立命館国際研究』二七（四）、二〇一五年三月、一二一頁。
27 一九八一年四月に藤原が最初に方正県に着任した際、県政府が準備したのは県の招待所であった。これに対し藤原は農家での寄宿を希望する（及川和男、前掲書、二四九頁）。最初は戸惑った県政府であったが、藤原の決意が固いことから宿舎探しを始める。白羽の矢があたったのは、杜萌武氏であった。日本人を「日本鬼子（日本人を指す蔑称であると同時に恐れと怖さを示す中国語）」とみていた彼は最初拒絶したが、政府が状況を説明したことによりようやく藤原を受け入れる（郭相声、前掲書、二一頁）。
28 石井貫一「方正支援の源流と理念」『日本と中国　その底辺を翔けた七〇年』東洋医学舎、二〇〇三年四月、七三〜八三頁
29 国際協力事業団派遣事業部『中華人民共和国チーム派遣「中国水稲機械化及び肉用牛生産振興」終了時評価報告書』、一九九九年八月、八〜二五頁
30 石井貫一「終戦50周年を迎えた方正」『日本と中国 その底辺を翔けた70年』東洋医学舎、二〇〇三年四月、八四頁
31 方正県関係者からの聞き取り。二〇一七年八月二一日。

32　例えば「旧満蒙開拓、「なぜ侵略者に慰霊碑」中国の友好事業、批判に困惑」『朝日新聞』二〇一一年八月三日朝刊、「旧満蒙開拓団の慰霊碑にペンキ　五人を拘束　中国」『朝日新聞』二〇一一年八月四日朝刊、「旧満蒙開拓の慰霊碑撤去　建立から十日余り　中国・方正県」『朝日新聞』二〇一一年八月七日朝刊、「親日の街に矛先　中国・方正県、満蒙開拓団の慰霊碑撤去　日本語の看板も標的」『朝日新聞』二〇一一年八月八日朝刊。
33　吴如加「方正已无日本人——中国独特日本〝僑郷〟的艱難時事」『鳳凰周刊』二〇一五年七月一三日、http://www.qing5.com/2015/0713/65462.shtml（二〇一九年二月一六日閲覧）。また、郭相声を取材した読売新聞は、「方正の郷土史研究家、郭相声（六二）は昨年末、藤原の足跡を詳細に記録した「方正の藤原長作先生」を共著で出版した。尖閣諸島問題で日中関係の緊張が高まった時期とあって出版社探しに苦労したが、郭さんは「藤原氏は民間の専門家として指導に尽力した。我々も民間研究者としてその業績を伝える義務がある」と語る。」と報道している（「藤原長作 in 方正　稲作で日中の懸け橋」『読売新聞』二〇一三年二月一日夕刊）
34　大類善啓「燎原の火は方正（ほうまさ）から」http://www.alter-magazine.jp/index.php?%E7%87%8E%E5%8E%9F%E3%81%AE%E7%81%AB%E3%81%AF%E6%96%B9%E6%AD%A3%E3%81%8B%E3%82%89（二〇一九年二月一六日閲覧）。
35　ただし、対中ＯＤＡと戦後賠償とは直接の関係はないというのが、日本政府の公式の立場である。
36　西村大輔「開拓団慰霊碑　親日派を孤立させるな」『朝日新聞』二〇一一年一〇月一四日朝刊

第二章 原正市

中国全土の米増産に貢献し「洋財神（外国から来て懐を豊かにしてくれた神様）」と呼ばれた日本人のコメモレイション

第一章で触れたように、黒龍江省における日本の稲作技術の展示・伝播には三つのルートがあったという。本章で取り上げる原正市（以下、「原」）はその一つであり、藤原長作とはほぼ同時期に黒龍江省海倫県で活動を始めている。

藤原との違いは、藤原の中国での活動が一九八〇年代前半の比較的短期であったことに対し、原は一九八二年から一九九九年までの十七年間に合計四十九回もの訪中を行い、中国滞在日数は一六八六日に及び、三市二四省（区）の二一四市県を巡回するなど、[1]自らが精力的に全国をかけ回ったことである。また藤原の協力活動が一農民としての実践の苦労の中から得た経験と技術を背景としたのに対し、原は空知農業学校から北海道帝国大学農学部農業実科に進学し、卒業後は北海道農業試験場に就職して定年退職までの約三六年間、ひたすらに北海道で稲作指導の道を歩んできた学問と実務経験がその背景となっていた。

第一節　中国政府からの表彰と胸像の建立

1　国家友誼奨など数々の国家級の表彰

原は中国側からその功績を称えられ、中国農業奨、国際科技合作奨、国家友誼奨などを受奨し、一九九二年二月には人民大会堂で、田紀雲副総理が李鵬総理を代表して総理署名の栄誉証書を授与している。そして、日中平和友好条約締結二十周年の節目の年にあたる一九九八年一一月、中国国家主席の公式訪日としては史上初となる江沢民訪中の際に、他の農業専門家とともに北海道で江沢民と面会する栄誉も得た。

江沢民の北海道訪問の目的の一つは寒冷地農業の視察であり、北海道と中国との交流で最も盛んであったのは農業分野であった。そして江沢民の訪日日程の最後を飾ったのも、原ら日本の農業専門家八名

1998年11月、江沢民国家主席と面会する原正市。北海道テレビ制作『大地を黄金色に変えた～原正市が結んだ日中の絆』2008年12月より。

との会見であった。江沢民は、ときおり日本語を織り交ぜながら出席者の笑いを誘い、専門家八人と一人ひとり握手をし、「わが国の農業の発展に長年、貢献していただき、心から感謝申し上げたい」と感謝の言葉を述べたという。[2]

中国側から原正市へ授与されたさまざまな表彰状。北海道テレビ制作『大地を黄金色に変えた～原正市が結んだ日中の絆』2008年12月より。

湖南省長沙市の中日友好公園内にある原正市の胸像（2018年3月20日、筆者撮影）

2　湖南省に建てられた原正市の胸像

外国人専門家のコメモレイションの形式の一つとして、上述のように専門家表彰制度や国家指導者との会見があるが、原において特筆すべきは、一九九六年に中国側が原の胸像を製作し、湖南省の省都、長沙市の中心部にある暁園公園――「中日友好公園」とも呼ばれているこの公園内に設置したことであった。同じ胸像は、原の母校である岩見沢農業高校の校庭にも置かれた。日本人の胸像が、中国の一般市民が訪れる公の場に設置されている例は、孫文を支援した梅屋庄吉、魯迅を支援した内山完造を除き、筆者の管見の限りみあたらない。

筆者は、二〇一八年三月に湖南省長沙市を訪れ、原の胸像を直接確認した。「中日友好公園」内の「平和広場」には、長沙市と鹿児島市が共同で一九八四年に建立した「友好和平の像」があり、それに隣接する形で原の胸像が設置されていた。長沙市は鹿児島市と友好都市関係を結んでいるが、「友好和平の像」には、以下のとおり友好都市の趣旨が刻まれていた。

> 日本国鹿児島市と中華人民共和国長沙市は、一九八二年一〇月、友好都市を締結しました。
> この「友好和平」の像は、友好都市締結の意義を子子孫孫に伝え、両市の限りない平和と友好と繁栄を念じ、相互に協力して建立したものです。　一九八四年
> 鹿児島市長　山之口安秀
> 長沙市長　斉　振瑛
> 題　字　山之口安秀
> 制　作　中村　晋也

原の胸像の周囲には桜の木が植樹され、木立の中の落ち着いたたたずまいの中に、二十年の時を経て静かに原の胸像があった。

筆者を案内してくれた湖南省政府関係者は、「原先生は湖南省で水稲の畑作移植栽培法を行い、従来は北方でしかできなかったものを南で実験して、成功させました。湖南省は今では工業も発展していますが、以前は農業が中心だったのです。その農業の発展に貢献した原先生のことは湖南省の歴史に残っています。原先生の友好と貢献を中国人は決して忘れません」と語ってくれた。

胸像の碑文には以下のように原の功績が刻まれている（筆者仮訳）。

原正市先生之像

原正市先生、水稲専門家、日本北海道岩見沢の人、一九一七年八月二七日生まれ、一九三八年北海道帝国大学農学科卒業。岩見沢水稲試験場所長、北海道庁農務部首席専門技術委員。

一九八二年から、原正市先生は黒龍江省等の北部省で水稲畑作移植栽培技術を伝授、一九九一年、湖南省長沙瀏陽市の試験栽培に成功し、当該技術は長江を渡り、中国の南方に迅速に普及していった。

およそ一六年間、原正市先生は年齢を顧みず、その足跡は遍く二六省、一六〇余りの市県、中国での仕事をした日数は累計一六〇〇日に及び、中国の水稲増産と中日友誼の増進のために重要な貢献をし、中華人民共和国国務院総理栄誉奨、友誼奨、農業奨及び国家科技国際合作奨を獲得した。

特に銅像をつくり、以って志を記念する。

中華人民共和国　国家外国専家局
湖南省人民政府

第二節　中国北方における稲作の発展と新中国における日中農業技術交流

次に、原の中国での活動の背景となった、中国北方における稲作の歴史と、新中国成立後に日本とどのような関係を持っていたのか、原の着任前の状況について、李海訓の研究[3]を要約する形で概観しておきたい。これはいうまでもなく第一章の藤原の活動背景とも共通する。

1　中国・東北地区における稲作の起源

中国・東北地区の稲作は、日本や朝鮮半島に比べると歴史は短く、一九世紀半ば、朝鮮半島における自然災害により中国・東北地方に越境してきた朝鮮からの移民により持ち込まれたといわれる。

その後、中国・東北地区に稲作が本格的に定着したのは一九一〇年代後半からであるが、今日、中国・東北地区は中国有数の稲作地帯に発展した。広い意味で、東北で生産された米を「東北大米」というが、より狭い範囲の地名を冠した銘柄米として、遼寧省の「盤錦大米」「清水大米」、黒龍江省の「五常大米」「方正大米」「響水大米」、吉林省の「万昌大米」などが挙げられる。

新中国成立後、最初の第一次五ヵ年計画（一九五三〜一九五七）では、水稲、トウモロコシ、イモ類などの単収量の高い作物の作付面積を増やすことが盛り込まれた。さらにその実施過程にあった一九五五年、李富春（当時副総理兼国家計画委員会主任）は、「稲の単収は小麦の約二倍であり、トウモロコシの単収は雑穀に比べ五〇％も多く、サツマイモ、ジャガイモなどは一般の雑穀に比べ生産量が五、六倍になる」として稲作の拡大を呼びかけた。

続く第二次五ヵ年計画（一九五八〜一九六二）は「大躍進」の時代であるが、この期間も「利用可能な水源をすべて利用し、稲作の作付面積を増加する。一九五六年からの一二年間は稲作の作付面積を、二・五億ムー増加させることを要求する」などとした結果、北方各省における稲作の作付面積は一九五六年以降急増することとなった。ただし、作付面積が増加したにもかかわらず、総生産量が減少した事例もあった。当時の技術水準の下で、利用可能な水源状況を上回る規模で稲作を展開したためと考えられた。

一九七〇年代に入り、周恩来は農業、工業、国防、科学技術の「四つの近代化」を提唱した。これを受けた一九七五年の「一九七六〜一九八五年発展国民経済十年規画要綱（草案）」は、「農業を現代化技術と機械操作の大規模経営を基礎にして、農業生産を発展させる」との方向性を示していた。

2　日中農業技術交流の展開

以上で述べたような中国の農業、とりわけ稲作発展のニーズを背景に、新中国における日中農業技術交流が展開されてきたと考えられる。

新中国成立後、日中農業技術交流の端緒となったのは、一九五七年に日本から派遣された中国農業視察団（団長：村松久義・衆議院農林水産委員長）であった。総勢五一名は六月末から約二ヵ月間、北の黒龍江省から南の広東省に及ぶ各地を訪問した。

この視察団には、国会議員、大学教員、農林省技術関係官、県農業試験場長、新聞論説委員、製造会社技術者など各方面の専門家たちが含まれていた。またこれらの多くは中国にいた経験の持ち主であった。中国側がこの視察団を招待した目的は、「中国の農業に対し日本の技術者の示唆を求めること、日本の農業技術の新しい知識を吸収すること、新中国の各方面に対する日本の理解を深めること」などであった。

この視察団に対し、周恩来総理から、日本の農業を視察するため中国から人を派遣したいとの希望と、農業技術交流による国民外交が強調されたが、それは一九五八年一〇月から二ヵ月間、中国農業技術団二六名の来日により実現されることになる。中国側団長は王震・国務院農墾部長（のち副総理）が務め、孫平化が秘書長、陳抗が秘書、劉徳有が通訳として参加するが、いずれもその後日中友好交流に尽力した人物であった。

一方中国側代表団を受け入れた日本側は、亜細亜農業交流協会を事務局として、「中国農業技術団歓迎委員」の依頼を各方面に出しているが、その名簿を見ると、三木武夫、勝間田清一、河野一郎、久保田豊、東畑精一、吉野源三郎、嶋中鵬二、岩波雄二郎、松下幸之助、高崎達之助、池田正之輔、山本熊一、内山完造、片山哲、風見章、鳩山一郎、平野義太郎ら政財界、文化関係者の錚々たるメンバーが含まれており興味深い。

中国農業技術団・王震団長から日本側にあったのは、播種から収穫までの全期間にわたって中国現地で稲作を指導する技術団の派遣と、稲作モミの提供、の二つの相談であった。いずれも困難を伴う内容であったが、日本側の尽力で結局その両方とも実現することになる。日本側の技術団を派遣するため、その母体となる「アジア農業技術交流協会」が一九五八年四月に設立され、各県から適任者を選考した。

その結果、一九五八年四月、農業稲作技術団二六名が中国に出発する。団長は寺田慎一・秋田農業試験場長、副団長は桑原武司・北海道農業試験場長が務めた。団長の寺田は、戦時期、華北農事試験場北京本部にて農業部耕種科科長を務めた経歴の持ち主であった。

当初、日本稲作技術団は東北、華北、華東、華中の四ヵ所に派遣される予定であったが、諸般の事情により受入れ可能だった東北と華北地方で活動することとなった。

その後、文化大革命の混乱期、日中国交正常化、改革開放政策の開始を経て、一九七〇年代末から日中稲作交流が再開されるが、その舞台となったのは吉林省と黒龍江省であった。一九七九年、日本中国農業農民交流協会が吉林省農業科学院に日本稲作技術交流団を派遣するが、一九八〇年前後から、黒龍江省において三つのルート、すなわち藤原による方正県への協力、原による海倫県を端緒とした協力、新潟県日中友好協会を通じた政府レベルでの三江平原竜頭橋モデル地区事業が開始されていった。次節ではこのうち原による協力の展開について述べる。

第三節　原の協力の展開

1　協力の原点となった遼寧省鉄嶺でのできごと

原はそもそもなぜ中国で稲作協力のボランティアを始めることになったのか。

原は、北海道岩見沢市で一九一七年に生まれる。一九三八年に北海道帝国大学農学部卒業後、北海道庁（農務部、農業試験場）に就職して一九七四年まで奉職し、その後、一九八二年まで北海道農協同組合（北農）中央会で嘱託として勤務した。一九八二年、北農を退職し、中国の各地で稲作技術協力ボランティアに従事することになる。

原の足跡を集大成した評伝ともいえる島田ユリ『洋財神　原正市』には記載がないが、中国側の出版物における原の紹介では、原は戦争時、河北の日本病院で仕事をしており、もう少しで、侵略日本軍として、中国の抗日武装勢力により捕獲・殺害されるところであったが、身分が分かり釈放された経緯が記されている[4]。

原にとって戦後最初の中国との接触の機会は、一九七九年六月、「第九次日本中国農業技術交流協会訪中団」への副団長としての参団であった。中国農学会と日本中国農業技術交流協会の間で、一九六五年八月、「農業技術交流に関する共同討議書」が交わされ、そこから交流が始まっていたが、一九七八年の中国農学会との約束に基づいて、「完全機械化北海道型農業プロジェクト計画（日中友好農場設置基本方針）」を中国側に説明し、その設置を促進することが訪中団の目的であった。日本中国農業技術交流協会会長の荒哲夫が団長を務め、大学、農業団体、農機具メーカー役員など九名で構成されてた訪中団であった。[5]

訪中団の一団員であった原は、その後積極的に中国で技術協力のボランティア活動に打ち込んでいくが、そのきっかけとなった訪中団の遼寧省鉄嶺訪問時のエピソードを島田は次のように描いている。[6]

> 水田での視察が終わり、視察団一行が公社の事務所に戻ると、靴を手にぶら下げた正市は一人だけ別な部屋に通された。殺風景な部屋だった。
>
> 勧められるままに壁際の長椅子に腰をかけると、足元に湯を張った花模様の大きな洗面器が置かれ、四十代と思われる男が笑顔で正市の足を誘い入れると、静かに洗いはじめた。正市は戸惑い、手で払うようにして断ったが、男は洗い続けた。
>
> 洗い終えると、笑顔の婦人から真新しいタオルが手渡された。
>
> 当時は文化革命から日が浅く、中国の人びととの生活はおしなべて貧しかった。米の配給は週に三日。目に見えるところに真新しいものなどなかった。そんな中でのタオルの白さは正市の目に痛いほど染みた。今度は正市が感動した。
>
> （この人たちを幸せにしたい。ここで自分の技術を役立てよう）
>
> 正市にその思いが、たぎり始めた。

2　海倫県東太大隊での日々

原の熱意が周囲の人を動かし、一九八〇年に「北海道黒龍江省科学技術交流協会」が発足する。初代会長には、原の古くからの友人である拓殖短期大学教授（元北海道立中央農業試験場長）島崎佳郎が就任する。翌一九八一年一二月、同協会と中国側との間で議定書が取り交わされ、原の「水稲栽培技術指導ボランティア」としての派遣が決定する。原が第二の職場である北農中央会を退職して中国に向かったのは、一九八二年四月であった。原は六十四歳になっていた。[7]

原は一九八二年四月から黒龍江省海倫県東太大隊で稲作指導を開始する。東太大隊は翌年から村となったが、一三六戸からなる朝鮮族主体の集落であった。宿舎兼事務所は、集落の南端に建つ六三平米のレンガ平屋建てで、炊事室のカマドの煙が部屋のオンドルに利用されていた。電灯はあり、昼間は送電されたが、夜になり使用料が多くなると停電になる。日本から持参した種もみも税関で没収され、意気消沈したスタートとなった。

また、原が導入しようとしている畑苗栽培移植法（従来の直まきではなく、苗床の畑に種を蒔いて育ててから「田植え」をする方法）に対しても、当初は地元の農民たちは強い抵抗感を示した。「労力が多くかかるから駄目だ。東太は従来からの直まきが一番いいんだ。東太は中国一の生産を挙げている。それなのになんで移植法にしなければならないんだ」というのが彼らの考え方であった。

これに対し原は、地元の種もみを使用しながら、まずは一ムーだけ試験的に畑苗栽培移植法の試験田にし、自ら苗取り、移植の要領を実演してみせた。原はゴム長靴を履き、水田に入ってジェスチャーたっぷりに実演した。赤痢に罹り急遽入院する事態もあったが、原は地元の人びとに溶け込み、原の試験田の稲の生長が他の田より早いことがわかると、次第に畑苗栽培に関心を持つ人が多くなり、試験田に見学に来る人数が目に見えて増え始める。

九月の収穫の結果、原が畑苗栽培移植法を用いて栽培した試験田は、直まきの田を一〇〇とした場合、一一八〜一八〇の増収を果たし、大きな成果を挙げたことは一目瞭然であった。[8] 他方、原が着任してからこの成功を得るまで体重は八キロ減少していたという。

一九八二年を皮切りに、一九九八年まで、その後原は毎年畑苗栽培移植法に関して助言を行うために、中国全土を東奔西走する。原が巡回した日程と地域は**図表2－1**のとおりであり、巡回指導のための訪中回数は一七年間で四六回、中国に滞在した日数は一六五四日、三市二三省（区）の二一二県市に及んだ。

原に関するコメモレイションとしては、河北省隆化県河東村に建立された石碑も特筆すべきであろう。

北海道テレビ制作『大地を黄金色に変えた～原正市が結んだ日中の絆』2008年12月より。
田んぼに裸足で入り指導しているのが原正市（左から２人目）。

図表2-1　原正市の訪中記録（1998年まで）

年次	期　間	日数	巡回地域
1982	4月3日～9月23日	174	黒竜江省（ハルビン市、海倫県、湯原県、佳木斯市）
1983	4月10日～6月10日	62	黒竜江省（ハルビン市、海倫県、方正県）
1984	3月29日～6月15日	79	黒竜江省（ハルビン市、海倫県）、遼寧省（凌源県）、河北省（承徳市）
1985	3月22日～6月11日	82	黒竜江省（ハルビン市、慶安県、海倫県）
1986	2月22日～5月5日 8月13日～9月13日	105	黒竜江省（ハルビン市、綏化県、佳木斯市、慶安県、方正県、海倫県、賓県、依蘭県）、北京市、四川省（成都市、灌県）
1987	3月1日～5月16日 8月4日～9月4日 9月27日～10月4日	113	北京市、黒竜江省（ハルビン市、方正県、斉斉哈尓市、木蘭県、竜江県、泰来県、海倫県、賓県、阿城県、佳木斯市、湯原県、綏浜県）、吉林省（公主嶺市、吉林市、永吉県）、遼寧省（瀋陽市、凌源県）、広西壮族自治区（桂林市、陽朔県）、上海市、江蘇省（蘇州市）、山西省（太原市、文城県）
1988	3月11日～5月19日 9月25日～10月20日	96	北京市、黒竜江省（ハルビン市、海倫県、方正県、五常県、大慶市、斉斉哈尓市、竜江県、泰来県、依安県、克山県、拝泉県、佳木斯市、綏浜県、羅北県、慶安県、牡丹江市、寧安県、海林県、伊春市、鉄力県、樺川県）
1989	3月28日～5月13日 8月10日～9月3日 11月6日～11月26日	93	北京市、黒竜江省（ハルビン市、牡丹江市、海林県、寧安県、勃利県、佳木斯市、斉斉哈尓市、竜江県、海倫県、綏化市、慶安県、鉄力市、伊春市、羅北県、樺川県、湯原県）、河北省（任丘市、保定市、隆化県、唐山市、唐海県、石家庄市）
1990	3月16日～5月22日 7月17日～7月31日 8月28日～9月17日	104	北京市、河北省（任丘市、隆化県、滦平県、承徳市）、黒竜江省（ハルビン市、佳木斯市、鶴岡市、海倫市）、新疆ウィグル自治区（ウルムチ市、阜康県、米泉県、ウルムチ県、吐魯番市）
1991	3月3日～5月26日 6月20日～7月12日 8月26日～9月23日 11月19日～12月6日	155	北京市、湖南省（長沙市、瀏陽県）、河北省（隆化県、滦平県、石家庄市、承徳市、获鹿県）、遼寧省（凌源県）、黒竜江省（ハルビン市、佳木斯市）、浙江省（杭州市、余杭県）、四川省（成都市、広漢市）、広西壮族自治区（桂林市、陽朔県）、広東省（広州市、三水県、佛山市）、上海市
1992	2月26日～4月29日 5月11日～6月4日 6月20日～7月9日 9月5日～9月27日 10月18日～11月3日	149	北京市、広東省（広州市、三水県、南海県）、湖北省（武漢市、孝感市、漢陽県、鄂州市、武昌県）、浙江省（嘉興市、杭州市、余杭県、湖州市）、上海市、湖南省（長沙市、瀏陽県、醴稜市、桃江県、岳陽市、汨羅市、寧郷県）、広西壮族自治区（桂林市、陽朔県）、四川省（成都市、広漢市、瀘州市、南渓県、宜浜市、自貢市、内江市、徳陽市、江北県、重慶市）、甘粛省（蘭州市、白銀市、靖達県、嘉峪関市、敦煌市）、河北省（石家庄市、获鹿県、隆化県、滦平県）、江蘇省（南京市、鎮江市、丹陽市、宿遷市、睢寧県、揚州市）、天津市（寧河県）、貴州省（貴陽市、竜里県、安順市）、江西省（南昌市、九江市、瑞昌県、南昌県）、黒竜江省（ハルビン市）、陝西省（西安市）、安徽省（涂州市、巣湖市、合肥市）、香港

1993	2月23日～3月9日 4月25日～5月1日 5月20日～6月16日 7月13日～8月2日 9月18日～9月30日 10月7日～10月27日	105	北京市（大興県）、河北省（豚州市、隆化県、滦平県）、黒竜江省（ハルビン市、海倫市）、四川省（成都市、重慶市、江津市、巴県、彰県、什邡県、広漢県、宜浜県）、安徽省（無湖県、合肥市、金寨県）、江蘇省（南京市、蘇州市、呉江市、邗江県、江浦県）、湖北省（宜昌市、当陽市、襄樊市、武漢市）、湖南省（長沙市、瀏陽県、桃江県、益陽市）、福建省（福州市、順昌県）、海南省（海口市、儋州市、三亜市、万寧県）、広東省（湛江市）、広西壮族自治区（南寧市、邕寧県、桂林市、荔浦県）、浙江省（杭州市）、上海市
1994	2月21日～3月18日 12月8日～12月20日	39	北京市、海南省（儋州市、海口市、万昌県、三亜市、万寧県）、四川省（成都市、綿陽市）、安徽省（合肥市、銅陵市、黄山市）
1995	2月26日～4月4日 9月4日～9月30日 12月6日～12月22日	82	北京市（昌平市）、四川省（成都市、梁平県、万県市）、湖北省（宜昌市、武漢市）、福建省（アモイ市、福州市、武夷山市、建陽県、閩候県、閩清県、寧徳市、龍渓県）、安徽省（合肥市、涂州市、宣州市、貴池市、安慶市）、雲南省（昆明市、宣良県、祥雲県、大理市、麗江県、嵩明県）、貴州省（貴陽市、息烽県）、陝西省（西安市、長安県、監田県、戸県、乾県）、江蘇省（蘇州市、呉江市）
1996	2月29日～4月10日 5月1日～6月5日 6月27日～7月3日 8月31日～9月15日	101	北京市（西郊農場）、陝西省（西安市、漢中市、安康市、城固県、南鄭県、長安県、戸県、周至県）、海南省（海口市、三亜市、楽東県、瓊海市、万寧県）、福建省（福州市、羅源市、龍岩市、永定県、アモイ市）、江西省（南昌市、吉安市、井岡山市、南城県）、雲南省（昆明市、宣良県、安寧県、普寧県、曲靖市、陸良県、嵩明県、景江県、呈貢県、富民県）、上海市
1997	3月2日～4月11日 4月23日～5月20日 7月9日～7月15日 8月19日～9月17日	106	北京市、福建省（アモイ市、漳浦県、漳州市、安渓県、泉州市、莆田市、福州市）、雲南省（昆明市、宣良県、路南県、沪西県、陸良県、曲靖市）、江蘇省（南京市、江寧県、江浦県）、安徽省（合肥市、潜山県、長豊県）、陝西省（西安市、楡林市、横山市、神木県、藍田県、戸県、長安県、周県）、山東省（済寧市、魚台県、棗荘市、臨沂市、郯城県）、湖北省（武漢市、宜昌市）、四川省（巫山県）、黒竜江省（ハルビン市、海倫市）、河北省（承徳市、隆化県）、湖南省（長沙市、岳陽市）、浙江省（杭州市、余姚市、余杭市）、上海市
1998	6月15日～6月23日	9	北京市、河北省（承徳市、隆化県）、黒竜江省（ハルビン市、海倫市）
小計	17ヵ年　46回	1654	3市、23省（区）、212県市

（出所）原正市『中国における稲作技術協力17ヵ年のあゆみと水稲畑苗移植栽培の基準』日中農業技術交流岩見沢協議会、1999年、19-21頁、李海訓、前掲書より再引用。

一九九七年八月、八〇歳の誕生日を迎えた原に対し、黒龍江省、海倫市、国家専門家局などが誕生祝を行ったが、河北省隆化県では原に栄誉公民の称号を授与するとともに、河東村で試作を行った水田の入り口には〝原正市先生示範（模範）田〟という立派な石碑が建立されたのである。[9]

河北省の招請により原が河北省で水稲栽培指導を開始したのは一九八九年からであった。河北省が選定した任丘、滦平、隆化の三つの県を試験地とし、農業技術人材育成や育苗を指導した。その結果、合格したのは隆化だけであったが、隆化県河東村には〝中国の原正市〟と称された張洪閣書記・村長という優れたリーダーがいたことが原動力であった。[10]

張洪閣は原のことを次のように回想する。「最初出会った際、原先生が私に言いました。あなた方が私を招待するのに準備する料理は豪華すぎます。一回の食事に一時間半以上も時間をかけている。こうしたことには私は慣れていません。私は日本ではお酒は飲まず、食事は長くても二〇分か三〇分くらいで済ませるんですと[11]」。

これら二つのコメモレイションが完成した一九九七年には、中国全土の水田面積三二〇〇万ヘクタールのうち、およそ四割強にあたる一三〇〇万ヘクタールで畑苗移植栽培法が採用され、飛躍的な収量増大を見ていた。中でも稲作の八割を畑苗移植栽培法とした黒龍江省は、一九八二年の収量四六万トンから、およそ一四倍の六四〇万トンという驚異の収量をあげたのである。[12]

1 原正市『中国における稲作技術協力十七カ年のあゆみと水稲畑苗移植栽培の基準』日中農業技術交流岩見沢協議会、一九九九年、二二頁、李海訓『中国北方における稲作と日本の稲作技術』東京大学社会科学研究所、二〇一四年三月より再引用。農業視察や観光のための中国訪問も含む。
2 「友好の気持ち、達筆で 江沢民中国国家主席、堀知事に書を贈呈 札幌」『朝日新聞』、一九九八年一一月三〇日。
3 李海訓『中国北方における稲作と日本の稲作技術』東京大学社会科学研究所、二〇一四年三月。
4 馮翔「〝友誼奨〟変遷」『中国週刊』二〇一三年五月。
5 李海訓、前掲論文、一一四頁。
6 島田ユリ『洋財神 原正市 中国に日本の米づくりを伝えた八十翁の足跡』北海道新聞社出版局、一九九九年、一八～一九頁。
7 島田ユリ、前掲書、二〇頁。
8 李海訓、前掲論文、一一六頁。
9 島田ユリ、前掲書、四一六頁。
10 王虎「水稲飄香憶故人―記〝友誼奨〟獲得者日本専家原正市」『国際人材交流』二〇〇七年八月、二九頁。
11 馮翔「〝友誼奨〟変遷」『中国週刊』二〇一三年五月。
12 島田ユリ、前掲書、四一四頁。

河北省隆化県河東村に建立された「模範田」の石碑と、現地で技術指導を行う原正市（右から2人目）。いずれも北海道テレビ制作『大地を黄金色に変えた〜原正市が結んだ日中の絆』2008年12月より。

第三章　森田欣一

スイカに刻まれた日中協力の「記憶」
――北京市民に人気の「京欣一号」を育種した日本人のコメモレイション

中国の食文化において、食後のデザートの一つとして果物が供されることが一般的である。筆者の経験でも、中国人との会食の最後に必ずといってもよいほど出てくる果物の一つはスイカであった。そして食後に新鮮で甘いスイカを食べながら会話がはずむと、中国人の口からよく話題に上った名前が森田欣一（以下、「森田」）であった。中国のスイカの銘柄に日本人の名前が入っているのかと、たいへん興味深かった記憶がある。

改めて考えてみると、中国の庶民が日常的に口にする果物の人気銘柄にそれを育種した日本人の名前が入っていて、そのことが多くの中国人に認知され、食する際にしばしば想起されているということは特筆に値する。そして第二章で紹介した一九九八年一一月の江沢民訪日の際、北海道で会見した農業専門家八名のうちの一人も森田であった。

本章においては、中国人の中では広く知られながら日本人にはあまり知られてこなかったこの森田が残したスイカをめぐる日中開発協力の「記憶」を辿ってみたい。

第一節　中国スイカ博物館に刻まれた森田欣一の「記憶」

1　スイカの名産地・大興区に建てられた中国スイカ博物館

北京市内の環状道路から京開高速道路に入り南に向かうと、ほどなくスイカの名産地、大興区に入る。龐各庄の高速出口を降りると、しばらくして右手に青緑色の特殊な形状の屋根が見えてくるのが、「飛翔するスイカ」をデザインしたとされる中国スイカ博物館だ。建築面積は約四〇〇〇平米。「北京市科普基地（北京市科学技術普及拠点）」、「北京愛国主義教育基地　紅色旅游景区」などの看板が掲げられた門をくぐり抜けると、館内では中国のスイカに関する興味深い展示がなされている。

大興区龐各庄にある中国スイカ博物館（2018年8月13日、筆者撮影）

森田の功績が「中国スイカ博物館」に記されていることを最初に発信したのは、おそらく当時北京在住のライターとして活躍していた小林さゆりであろう。小林は、雑誌のコラムで「大興区にある「中国スイカ博物館」という立派な施設に、森田さんの実績が記されているが、あまり人には知られていない。中国の友人とスイカを食べるときには、必ず話そうと思っている。」として、森田の育種したスイカの経緯を紹介したのは、二〇〇六年のことであった。[1]

展示スペースの「前言（はじめに）」は、この博物館の意義を次のように説明している。

「中国のスイカ栽培の歴史は悠久で、巨大な成果を挙げたことは世界で認められている。スイカの作付面積と総生産量は世界第一位で、すでに農業の増収と農家が豊かになるための重要な産業となっている。

スイカの歴史、文化・科学知識の伝播のため、中国のスイカ生産と科学研究の成果を展示し、スイカ事業の発展を全力で促進するため、特に北京スイカ博物館を創設した。館内では主にスイカの起源と伝播、品種と育種、栽培管理技術、及びスイカの開発利用とスイカ文化の発展を展示する。（以下略）」

2　外国人専門家として唯一展示される森田欣一の写真

北京の主要なスイカの銘柄を紹介するコーナーでは、いくつかの代表的なスイカの銘柄が紹介されているが、「京欣」と銘打ったシリーズが目に付く。「京欣一号」については、以下のように紹介されていた。

「京欣一号は、北京市農林科学院蔬菜研究所が育種した早熟スイカ品種で、一九八六年に大興で普及が開始された。一九八八年から、大興区から京欣一号を主とする交配第一世代の早、中、晩熟品種の組み合わせ体系が形成され、スイカ品種の最初の大更新が実現した。」

「京欣一号」についての説明（2018年8月13日、筆者撮影）

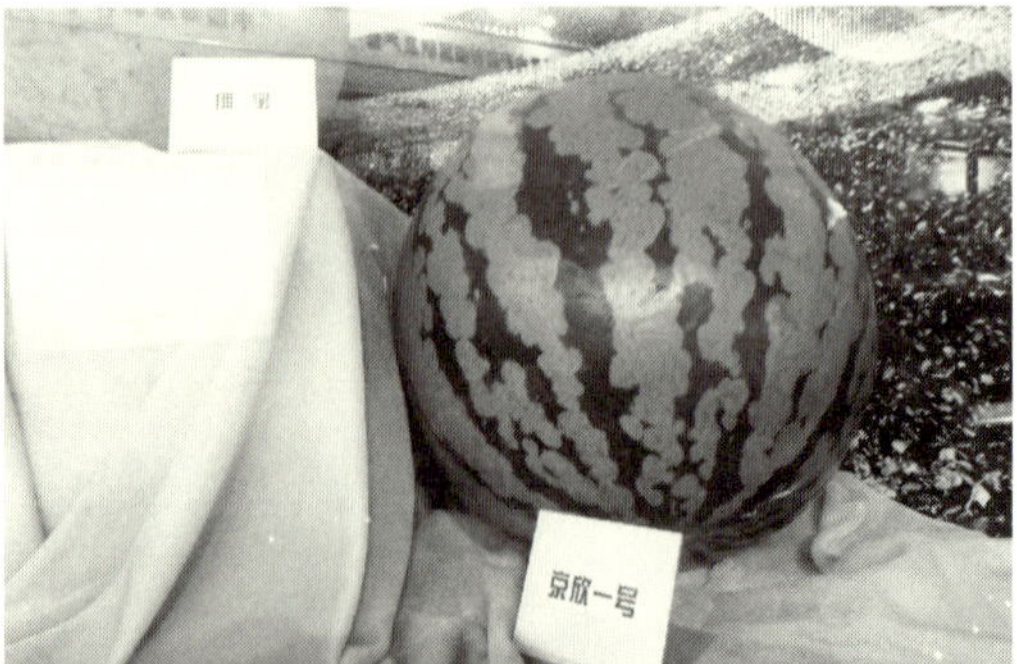

「京欣一号」の展示（2018年8月13日、筆者撮影）

この「京欣一号」の育種の経緯がどのように説明されているか、興味深く館内を探したところ、森田に言及した説明パネルを見つけることができた。パネルは次のように説明する（筆者仮訳）。

「スイカの品種は不断に更新され、北京市農業科学院の育種専門家楊徳岐と日本の育種専門家森田欣一は、〝京欣一号〟の育種に成功し、全国の優良な早熟スイカ品種の新しい時代を切り拓いた。この後、一五〇余りの中国・外国のスイカ・メロンの品種について、瓜の里で長年にわたり試験、モデル展示、普及が行われた。」

さらに森田は、約五十名のスイカ専門家が顔写真パネルで紹介されている「スイカ専門家紹介」のコーナーにおいて、唯一の外国人として展示されている。パネルには、「日本千葉県のミカド株式会社育種場社長、董事長、最高顧問、スイカ専門家森田欣一先生」と紹介されていた。

西瓜品种不断更新，北京农业科学院育种专家杨德岐与日本育种专家森
田欣一繁育成功“京欣一号”开辟了全国优质早熟西瓜品种的新纪元。此后
150多个中外西甜瓜品种在瓜乡长年进行品试、示范、推广。
「京欣一号」育種の経緯の説明パネル（2018年8月13日、筆者撮影）

スイカ専門家紹介コーナーの森田欣一（2018年8月13日、筆者撮影）

第二節　中国の「スイカ発展史」の中の森田欣一と日中協力

1　中国・スイカの起源——一〇世紀にアフリカからシルクロードを経て入る

そもそも中国のスイカはいつ頃、どのように中国で栽培されるようになったのか。

世界のスイカの原産地についてはかつて論争があったが、現在では多数の学者はアフリカ南部と中部と認識している。イギリスの探検家であり、医師で伝道者であったリビングストーンは、彼の第一回アフリカ探検（一八五二〜一八五六）で南アフリカ中央部のカラハリ砂漠とその周辺のサバンナで、多種の野生のスイカの群生を発見し、ここがスイカの発祥地だろうと考えた。この踏査状況は一八五七年に発表され、以来南アフリカがスイカの原産地とされている。この野生種はアフリカ大陸を北上し、スーダンで栽培化されたとされ、今から四〇〇〇年前にエジプトに伝わったことが壁画からも実証されている。[2]

中国のスイカ栽培の歴史はエジプトに比べると遅い。中国では、スイカがシルクロードを経由して西域から入ったため「西瓜」と表すが、中国で最初の「西瓜」の文字が記録されたのは、五代十国時代の九四七年であった。[3]『五代史』によると一〇世紀に内蒙古を支配していた契丹がエジプト遠征の際、種子を持ち帰ったのが始まりと言われている。[4]

エジプトを起点とするスイカの世界伝播ルート（2018年8月13日、筆者撮影）

2　新中国建国後のスイカの育種の変遷

この半世紀、中国のスイカには、少なくとも四回の品種更新があったという。[5]

新中国建国初期から一九六〇年代までは、地方の農家の品種（例えば「核桃紋」「黒油皮」など）」が主であった。その後、七〇年代になると、国外からの優良品種導入が開始される。導入元は、主に日本と米国であった。

改革・開放が始まる七〇年代後半になると、中国自らの育種工作を開始する。主に地方品種を親の材料とし、日本品種と米国品種を相互に組み合わせ雑交させるものであった。

八〇年代までは、雑種強勢（生じた雑種が，両親のどちらよりもすぐれた生活力をもつ場合をいう）の研究利用が中国スイカ育種の重点であった。類型や成熟期の異なる交配種の新品種が育成され、基本的に国産化を実現していく。一般品種としては、「早花」、「興城紅」、「鄭州三号」、「華東二六」、「蘇蜜一号」等が、早熟品種としては「京欣一号」、各種の「京欣一号型」、「愛耶一号」等が、中熟・中晩熟品種としては、「新澄一代」、「豊収二号」、「紅優二号」、「浙蜜一号」、「湘蜜」、「西農八号」等が育種されていった。

その中で最も影響があり、栽培面積が最大の二つの代表的な品種は、まさに森田欣一が携わった早熟品種の「京欣一号」と、中晩熟品種の「西農八号」であった。一九八〇年代、北京地区のスイカは皮が厚く、小さく、甘くなく、果肉繊維も粗かった。「京欣一号」は、皮が薄く、甘くて果肉が柔らかいものであり、たちまち北京市民の人気を集めた。ちなみにスイカはもともと中国医学においても、

「清熱（身体の内部の熱を冷ますこと）」「利尿」作用があり、薬にもなるものであった。「京欣一号」を通じ、森田は北京市民の健康増進にも貢献したともいえよう。

3　森田欣一と中国

前項に記したように、森田は中国のスイカ発展史の中で特筆すべき足跡を残した人物である。ではこの森田とはどのような人物なのだろうか。森田が残したのはスイカ育種に関する専門書だけで、中国滞在記的なものはない。したがって、以下、中国のメディアや専門家の論文、森田のご子息である森田弘氏へのインタビュー及び森田弘氏の手元資料などに基づき、森田と中国の技術協力の足跡と仕事ぶりを素描してみたい。

森田は、一九一六年に千葉県で生まれ、一九三九年に東京農業大学農学部育種科を卒業後、坂田種苗、みかど育種農場株式会社等で育種業務に従事した。

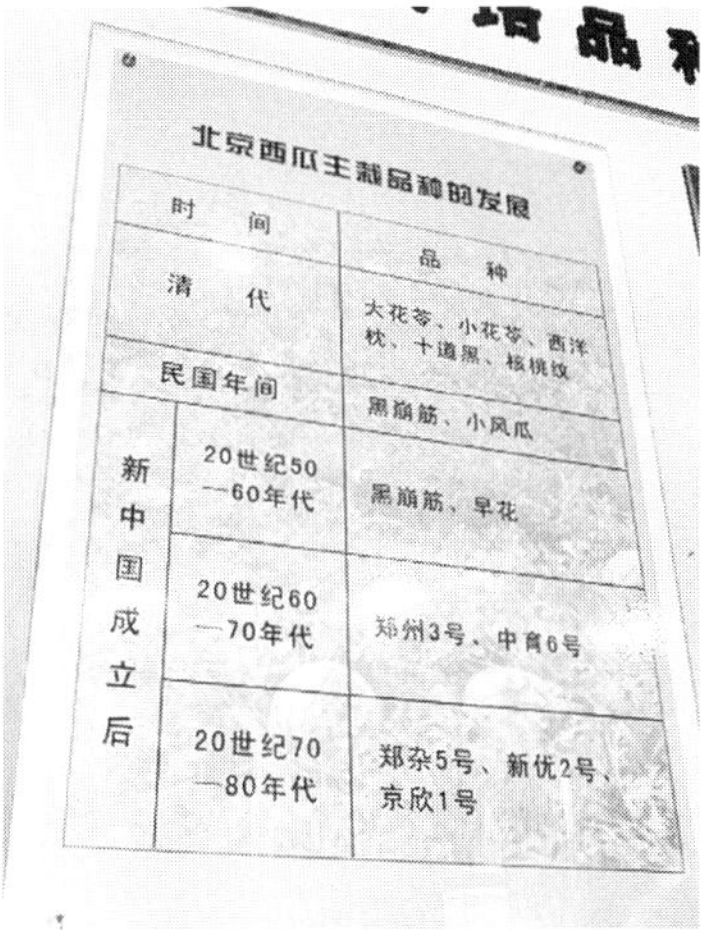

北京におけるスイカ主要品種の変遷。70～80年代の欄に「京欣１号」が記されている（2018年8月13日、筆者撮影）

森田弘氏によれば、森田は坂田種苗時代、スイカでなく花の育種をしていたという。仕事の面では特に中国とのかかわりはなかったが、戦争で招集されて満州に渡航。その後フィリピンに転戦し、フィリピンで終戦を迎え、米軍の捕虜になった。一年ほどの捕虜生活を経て、帰国したのは一九四五年（昭和二〇年）の終わり頃で、その後一年間くらい連隊本部で戦死・生存者の名簿の整理をやっていた。そのため職場復帰が遅れ、戦後のどさくさで坂田種苗には戻れず、自分で会社を立ち上げた。家では中国の話はほとんどしなかった。話したがらなかったという。

森田のスイカ育種の原点は千葉産の〝旭都〟の育種にある。まずこの〝旭都〟に至る日本のスイカの歴史について概観してみよう。

そもそもスイカはいつ頃日本へ渡来したのか。これについては、正確な時代考証が難しいが、寛永年間（一六二四〜一六四三、徳川家光の時代）に長崎に入り、寛文のころ京田舎に植えて食べたことが、江戸時代の多くの文書に書かれている。また慶安年間（一六四八〜一六五一）に隠元禅師が持ってきたと書かれた書物もあり、いずれにしても一七世紀頃に日本に渡来したというのが一般的な定説になっているようだ[6]。

日本のスイカ品種の発祥地となった奈良県におけるスイカの栽培の始まりも、寛永年間ごろと考えられるが、本格的な経済栽培が始まったのは天保年間（一八三〇〜一八四三）であった。〝紀州スイカ〟と三河から持ち帰った〝権次スイカ〟が奈良県の大和スイカの先達となり、明治三四年（一九〇一年）に奈良農業試験場がカリフォルニア大学から取り寄せたスイカ品種である〝アイスクリーム〟によって、品種改良が始まった。〝権次スイカ〟と〝アイスクリーム〟が栽培地で自然交雑し、次第に優良な一地方品種となったのが大和スイカであった。

千葉県が奈良県から大和スイカを導入したのは一九二四年（大正一三年）のことである。千葉県のスイカの主産地である印旛地方は、内陸部に位置し、比較的温暖な気候であり、火山灰土の畑が形成されていた。富里町・八街市を中心とした印旛地方のスイカの歴史は古く、大正末期から始まり、一九三三年（昭和八年）に千葉県農業試験場で火山灰土壌向きに育成した〝都一号〟が当該地域によく適したこともあって、作付けが飛躍的に増加していた。他方、奈良県においては水田品種用として〝旭大和〟〝新大和一号〟〝新大和三号〟などが育種されていた。

その後も奈良県産の〝旭大和〟と千葉県産の〝都〟は日本のスイカ育種の基幹品種として高い価値を持ち、その後の育種の進展に大きく寄与したという。そしてこの〝旭大和〟と〝都〟の交配品種が一九五〇年代後半（昭和三〇年代前半）に開発され、〝旭都〟が生まれたのである。この育種を担ったのが森田にほかならない。〝旭都〟は千葉県のスイカの発展の大きな力となり、その後標準品種として全国に広まっていった。[7]

こうした歴史をたどった千葉県産のスイカに加え、エリザベスメロンの育種にも貢献した森田は、株式会社みかど育種農場社長、会長、最高顧問などを歴任するが、中国の改革・開放が本格的に始まった一九八〇年頃から、中国との技術協力の機会が生まれる。森田は当時既に六十五歳になっていた。

森田弘氏によれば、一九八一年頃に国連食糧農業機関（ＦＡＯ）から話があり、森田は一九八二年、ＦＡＯの要請で訪中。同年に設立されたばかりの北京市農業科学院蔬菜研究センターなどでスイカの技術指導を行ったのが最初であったという。森田弘氏は、出発準備をする森田が、英文の資料を書かされていてぼやいていたのを記憶している。森田は主に講義の形で各地を歩き、スイカの普及所の人たちを集めて話をしていたようだ。

森田が中国で活動を始めた翌年、一九八三年五月の段階で、森田の妻と息子・弘の妻の二人が北京に森田を訪ねたことがあった。森田はFAOを通じて一年間の長期で派遣されたため、衣替えをする必要があったためである。当時は電話もなく通信手段は手紙だけで、日本から手紙を出すときは、途中で無くなることをおそれて同じものを二通出したという。

北京市農林科学院蔬菜研究センターは、早熟で品質が良く、豊富に生産でき病気にも強いスイカの新品種の育種を展開しようとしていた。こうした背景から、森田は一九八二年のFAOに続いて、一九八四年には国連開発計画（UNDP）の委託を受け、同じく北京市農業科学院蔬菜研究センターで、米国、英国、FAO等からの専門家とともに蔬菜栽培育種国際トレーニング班を組織。森田の知識と実践経験は、参加者から好評を博した。この講座には、全国二四の省市自治区の農業学院、科学研究機関、技術普及部門、種子公司から六〇名余りの科学技術者が参加していた。[8]

その後、北京市農業科学院蔬菜研究センターは、陳杭院長の指導の下、一九八五年、農業部を通じて森田を直接招聘し、北京の気候と土壌に適合した優質のスイカの選定・育種の技術協力を森田に要望する。この森田の招聘プログラムは、中央国外智力導入領導小組弁公室（中引弁）のプロジェクトに組み入れられ、森田の往復国際旅費と中国での部分的な生活費が中国政府から支給されることになった。[9]

一九八五年から一九八七年までの三年間を試験期間としたが、[10] 森田は新しい世代のスイカを育てるため、無償でスイカの栽培技術資料を提供。育種の周期を早めるため、毎年一次交配を進めるほか、日本に戻り二次交配を進めた。森田は最終的に北京地区に適合した優質のスイカの育種に成功する。そのスイカは大きく、皮が薄く、甘く（糖度は一一～一二％、接ぎ木の場合一二・五％以上[11]であった。現在の日本の基準でも一二％以上あれば甘いスイカと言われる。なお、品評会で一四度の糖度があったとする資料もある）[12]、果肉が柔らかい（繊維が少ない）ものであった。北京蔬菜研究センターは、この新品種を〝京欣一号〟と命名する。北京の「京」と森田欣一の「欣」から名前をとり、日中共同の成果であることと、北京が欣欣と栄えるとの二重の意味を表していた。

一九八七年に〝京欣一号〟が生まれると、一九八九年には全国に迅速に普及する。その後十数年間に二〇〇〇万平方キロの面積に拡大し、〝京欣一号〟は、中国の早熟スイカのナンバーワン品種となった。一九九〇年以来、〝京欣一号〟は北京のスイカ生産面積の八五％以上を占めるまでになり、ムーあたりのスイカの生産量も四五％アップしたという[13]。

こうした森田の功績を称え、一九九一年に農業部は「中国農業金奨」を、一九九二年に国家外国専門家局は「国家友誼奨」を、一九九三年に北京市大興県は「大興県栄誉公民」の称号を授与し、森田は一九九八年に江沢民が訪日した際に会見した専門家の一人に選ばれた。

4　森田欣一の仕事の姿勢

藤原長作、原正市とも共通するが、森田は典型的な実務型専門家であった。スイカ農園では彼は一人の地道な中国農民であり、真面目に一心不乱に働いた。北京蔬菜研究センターでの生活は簡素で、いつもまだ空が明るくならないうちからセンターの実験地に入り観察と記録を行い、夜はいつも試験地を離れる最後の一人であった。[14] 中国の習慣に従って週に六日働くだけでなく、大部分の日曜日も休まなかったという。[15]

森田は北京到着後、中国側の専門家と共同で資料を分析し、日程案を作成して、厳格に執行していった。任期中、十七回の技術講座を実施し、六〇〇名あまりの野菜と果物の技術人員を訓練した。一九八七年には、北京市のスイカの接ぎ木と育苗の問題点を把握した上で、大興、通県、順義の三つの県で接ぎ木のトレーニングコースを実施した。一九八九年までに、スイカの育苗は一〇〇〇〇ムー、接木は二〇〇〇ムーに達し、立ち枯れ病の蔓延を防止することにも貢献した。[16]

中国側の記録では、森田は四年間で北京市の農村に四十七回出向き、毎週平均一回は大興、順義、通県の生産地で自ら模範操作を行い、日本の技術を伝え、現地の経験を尊重しつつ、現地の人々と一緒に検討し、最後に現地に適した方法の採用を決定した。こうした彼の仕事の精神は、全ての科学研究人員と広範な農民から尊敬され、感動させたという。[17]

金銭面でも森田は無頓着であったようだ。ＦＡＯから派遣されていた時代は、国連からドルで手当が支払われていた。森田は「鄧小平より多い」と笑いながら言っていたが、ほとんど手を付けず、ドルを持ち帰ってくることはなかったという。食事や、移動のための交通費は全部中国側が負担するので、タバコやお酒くらいしか自分で買わない。衣類関係は、全部日本から持って行った。そのため、手当のほとんどが残り、それを全部中国側に寄付してきたと言っていたという。[18]

第三節　中国側による成果の普及と森田欣一との交流の継続

1　カウンターパートによる技術教本の編纂

スイカ博物館での展示にあるように、森田の最初のカウンターパート（中国側の共同研究者）は、北京蔬菜研究センターの楊徳岐であった。その後、京欣一号育種の仕事は陳春秀に引き継がれた。陳春秀は日本にも留学し、久留米の試験場に一年間滞在。日本語が話せる研究員に育っていく。

陳春秀編著で、二〇〇一年七月に台海出版社から『京欣一号系列　西瓜新品種栽培技術』が出版されている。一三〇頁余りのコンパクトな技術手引書になっており、〝京欣一号〟やその系列の品種の紹介、生物学的特性、生長発育と環境条件、栽培方法、接ぎ木技術、病虫害対策など、スイカ農家にとって必須となる基本的な栽培知識が多くの図入りで網羅的に解説されている。

陳春秀は、京欣一号のその後の全国への普及について、以下のように説明している。

「一九八九年～一九九一年においては、主に北京、河北省廊坊、上海などにおいて三〇万ムーであったが、一九九七年に至るまで栽培範囲が急速に拡大し、上記の三つの地域の他に、安徽省、浙江省、江蘇省、広西壮族自治区、福建省、海南省、湖南省、河北省、河南省、山東省、黒龍江省、吉林省、四川省など二〇省・市に及び、面積は二五〇万ムーに達した。さらに二〇〇〇年までに栽培地はさらに拡大し、重慶市、甘粛省、寧夏回族自治区などの省・市を中心に面積は三五〇万ムーに上昇した。それは全国の早熟スイカ栽培面積の八五％を占めている。」（筆者仮訳）

このように、森田が北京で活動した一九八〇年代以降、森田のカウンターパートらの手によって、中国の全土に京欣一号が急速に普及していったことが分かる。森田の傑出した貢献に鑑み、既述のとおり、一九九一年に農業部は「中国農業金奨」を、一九九二年に国家外国専門家局は「国家友誼奨」を、一九九三年に北京市大興県は「大興県栄誉公民」の称号を授与し、森田は一九九八年に江沢民が訪日した際に会見した専門家の一人に選ばれることになる。

2 〝傘寿〟祝いと訃報の掲載

森田は一九一六年に生まれで、一九九六年に八十歳の〝傘寿〟を迎えた。

息子の森田弘氏は、森田のお伴で、北京蔬菜研究センターが主催する森田の傘寿を祝う席に招かれている。

北京蔬菜研究センターの歴史を紐解くとき、八〇年代から九〇年代にかけてほぼ一貫してセンターを指導してきた陳杭の存在が大きいことが分かる。陳杭は改革開放への転換期の一九七八年六月から一九八四年一一月までと、一九八六年一一月から一九九六年一〇月までの計一六年余り所長を務め、森田と接してきた。

陳杭の歩みを写真で綴った「蔬菜情縁」の中に森田が何度も登場するが、おそらく〝傘寿〟祝いと思われる写真が掲載されている。中国側の関係者が森田を囲む中に、笑顔の陳杭所長の姿が見え、おそらく北京蔬菜研究センターをあげて森田への祝意を表していることが見て取れる写真だ。

森田の長寿を祝う北京蔬菜研究センター関係者。右から3人目が森田、右から5人目が陳杭所長。
（出所）北京市農業科学院蔬菜研究センター『蔬菜情縁』（出版年不明）、26頁

森田は、二〇〇八年三月一〇日逝去する。享年九一歳であった。

森田の訃報は、『中国瓜菜』二〇〇八年五月号に、中国園芸学会スイカ・メロン専業委員会、国家蔬菜工程技術研究センター、《中国瓜菜》編集部の連名で掲載された。[19] 訃報には、森田の技術協力の経緯と成果及び中国側の高い評価が記され、最後に「森田欣一先生は、永遠に中国人民の心に中で活きている。」と締めくくっている。以下、全文を記す。（筆者仮訳）

中国のスイカ・メロン事業のために卓越した貢献をされた著名なスイカ・メロン育種家、日本の友人の森田欣一先生が、二〇〇八年三月一〇日深夜一時一〇分に日本で逝去。享年九一歳。

森田欣一先生は、一九一六年五月一六日、千葉県で生まれ、一九四四年に日本のミカド株式会社で育種事業に従事。スイカ・メロンの育種と栽培方面で突出した業績をあげ、日本で徳の高い育種専門家であった。

一九八五年当時、農業部科技司のプロジェクトで森田先生を外国専門家として招聘し、中国で研究協力と指導を進めた。中国滞在三年の間に、北京市農業科学院蔬菜研究中心、中国農業科学院鄭州果樹研究所、江蘇省農業科学院蔬菜研究所と協力。

北京市農業科学院で、早熟、品質が優れ、生産性が高く、抵抗力の強い優良雑交スイカを育成し、協力の成功を記念するため、京欣一号と命名された。当該品種は、我が国スイカ育種と栽培史上、重要な地位を占めている。

森田先生の傑出した貢献に鑑み、一九九一年に農業部は「中国農業金奨」、一九九二年に国家外国専門家局は「国際合作友誼奨」、一九九三年に北京市大興県は「大興県栄誉公民」の称号を授与し、一九九八年に江沢民が訪日した際に接見した。

森田欣一先生は、中国に対し深く厚い気持ちを持ち、ご臨終の前に、北京オリンピックが終ったあと、再び北京の古い友人を訪ねたいこと、自分の骨を中国に葬ってほしいとの意思を示されていた。我々は、彼の仕事を敬う精神を学び、仕事に努力し、さらに多くの良いスイカやメロンの品種を育て、以って彼の霊を慰めたい。森田欣一先生は、永遠に中国人民の心に中で活きている。

中国園芸学会スイカ・メロン専業委員会
国家蔬菜工程技術研究センター
《中国瓜菜》編集部

「京欣一号」によって息を吹き返した龐各庄は、一九八八年に第一回スイカ祭りを開催した。この祭りは現在も毎年開催されており、龐各庄を擁する大興区も「スイカの里」として不動の地位を保っている。[20]

1 小林さゆり「北京 スイカの好きな中国人」『暮しの手帖』暮しの手帖社、二〇〇六年八 - 九月号、小林さゆり『物語北京』五洲伝播出版社、二〇〇八年一〇月、四八〜五〇頁。小林はその後自らのブログ「北京メディアウオッチ」http://pekin-media.jugem.jp/?eid=104（現在、「しゃおりんの何でもウオッチ」に改名）」二〇〇七年五月二五日でも写真を付して紹介している。（二〇一九年二月一六日閲覧）
2 農村漁村文化協会編『野菜園芸大百科5 スイカ・カボチャ』農村漁村文化協会、二〇〇四年、一一頁、一一一頁。
3 王鳴 侯沛「西瓜的起源、歴史、分类及育种成就」『当代蔬菜』二〇〇六年三期、一八頁。
4 農村漁村文化協会編、前掲書、一一頁。

5 王鳴 侯沛、前掲論文、一九頁。本項の内容は同論文による。
6 農村漁村文化協会編、前掲書、一二頁。
7 農村漁村文化協会編、前掲書、一一六頁、森田弘氏保管資料「森田欣一氏とスイカの係わり」三頁。
8 「為中国西瓜甜瓜産業作出突出貢献的外国専家—森田欣一先生」『中国西瓜甜瓜』二〇〇三年一一月一五日、『北京蔬菜』一九八四年五期、四八頁。
9 王虎「京欣一号育種人—我与日本専家森田欣一的交往」『国際人才交流』二〇〇七年五期、二四~二五頁。
10 科学技術部農村・社会発展司社主編、陳春秀編著『京欣一号系列 西瓜新品種栽培技術』台海出版社、二〇〇一年、一頁。
11 科学技術部農村・社会発展司社主編、陳春秀編著、前掲書、一頁。
12 「新中国六十年最有影响的海外専家」 http://world.people.com.cn/GB/8212/171502/10247890.html（二〇一九年二月一六日閲覧）
13 人民网「〝新中国六十年最有影响的海外専家〟評選活動拉開帷幕」二〇〇九年一〇月二一日 http://world.people.com.cn/GB/57507/10231659.html（二〇一九年二月一六日閲覧）
14 「為中国西瓜甜瓜産業作出突出貢献的外国専家—森田欣一先生」『中国西瓜甜瓜』二〇〇三年一一月一五日。
15 梦田「京欣一号—中日友好合作的結晶」『国際人才交流』一九九〇年一期一九-二〇、一四頁科学。
16 梦田、前掲論文、一四頁。
17 梦田、前掲論文、一四頁。
18 森田弘氏へのインタビュー、二〇一七年三月一日。
19 簡訊「深切緬懐著名西瓜甜瓜育种家，日本友人—森田欣一先生」『中国瓜菜』二〇〇八年五月一五日、四頁。
20 王小燕「中国で愛されるスイカ「京欣一号」森田欣一の置き土産」中国国際放送日本語部『季刊かけはし』二〇一七年夏号、3頁

第四章 平松守彦

大分〝一村一品〟の理念と実践経験を通じて農村の発展に貢献した日本人のコメモレイション

江蘇省溧陽市の中心部、旅客サービスセンター前広場の一角に、「溧陽大分一村一品　友好交流之碑　前大分県知事　平松守彦　二〇〇五年一一月七日」と石に刻まれた記念碑がある。溧陽市は、東に上海市、西北に南京市、西に安徽省、南に浙江省と、長江デルタの真ん中に位置し、行政的には常州市に属する人口約八十万人の県レベルの二級都市である。なぜ、日本では余り知られていないこの地方の小都市に、平松前大分県知事（以下、「平松」）が揮毫した記念碑が建立されているのか。

この溧陽市において、「第五回国際一村一品セミナー in 溧陽」が開催されたのは二〇〇八年一一月のことであった。日本側の大分一村一品国際交流推進協会と

「溧陽大分一村一品　友好交流之碑」（2018年3月17日、筆者撮影）

中国側の国家外国専門家局、農業部、江蘇省が共催した同国際セミナーの開会式には、主催者側関係部門・機関の指導者に加え、カンボジア副首相、モンゴル副首相、日本から村山富市元首相もかけつけるなど[1]、溧陽市はもちろん、江蘇省としてもかつて経験したことのないハイレベルのセミナーとなっていた。

　一方、大分県に目を転じると、〝一村一品〟に関心を持ち大分県を訪問した中国側要人は、汪道涵、曽慶紅、呉学謙、黄華、王家瑞、孟建柱、趙啓正、万学遠など枚挙に暇

「第5回国際一村一品セミナー in 溧陽」でスピーチをする平松（左）と大分県の物産を説明する平松（右）。

開幕式にはカンボジア副首相、モンゴル副首相、日本から村山富市元首相も列席。（写真提供：内田正氏）

がない。[2]二〇一七年一一月の党大会で政治局常務委員に昇格し、二〇一八年三月に全人代常務委員会主任に就任した栗戦書も、西安市長時代に大分県の〝一村一品〟を視察している。

要人往来にとどまらず、政策面においても〝一村一品〟は中国で格別の扱いを受けている。二〇〇六年の年頭、中国の「中央一号文件」[3]に初めて〝一村一品〟が言及され、その後二〇〇七年、二〇〇八年、二〇一〇年、二〇一五年、二〇一六年、二〇一七年、二〇一八年と、とりわけ最近では毎年恒例の如く〝一村一品〟が同文書に登場していることが特筆できよう。さらに二〇一一年から開始された農業部による「全国〝一村一品〟モデル村鎮」の認定では、毎年三〇〇を越えるモデル村鎮が認定され、既に二〇一八年までの累積が二八〇〇を越えた。行政機構の末端であるモデル村鎮は、煩雑な申請手続きをクリアし、厳しい競争を勝ち抜いて中央の認定までに至ることを考えると、胡錦濤政権から習近平政権に移行後も〝一村一品〟が基層レベルにおいて着実に広がりと盛り上がりを見せていることが見て取れる。

ではなぜ日本の大分県という一地方を起源とする地域開発の理念と実践が、改革開放の中国で受容されたのか。中国側は誰が、いかなる背景と意図により、どのように発展させたのか。二〇〇〇年代以降、日本では提唱者である平松の知事退任と高齢化により〝一村一品〟はその最盛期を過ぎるが、他方で二〇一〇年以降、中国で再び脚光を浴び、新たな展開を見せているのはなぜか。改革開放四〇年の中で、中国における〝一村一品〟の意義は、どのように変容してきたのか。本章においては、こうした問題意識から出発し、以下、発展段階をいくつかの時期に区切って中国側と日本側の動きを整理しつつ、その相互作用とダイナミズムを描いていくこととする。

奇しくも〝一村一品〟を提唱した平松が大分県知事に就任し、〝一村一品〟を開始した一九七九年は、中国の改革開放が始まった時期とほぼ一致する。改革開放四〇年の節目の時宜を捉え、日中開発協力史の中で〝一村一品〟の果たした役割を改めて考察してみたい。

第一節　中国・改革開放と大分〝一村一品〟運動の幕開け

中国が改革開放へと公式に大きく舵を切った転換点とされる、一九七八年一二月の中国共産党第十一期三中全会で、地方開発――とりわけ農業・農村問題は最重要テーマの一つであった。一九七八年一二月二二日の全体会議公報は、「会議は農業問題を深く討論」し、《農業発展の加速の若干の問題に関する中共中央の決定（草案）》等を地方政府で討論・試行することに同意したこと、また「全党は、今、主要精力を集中して、農業をできるだけ速かに向上させなければならない。なぜなら農業は国民経済の基礎であり、ここ数年来ひどく破壊され、相対的にかなり弱いからである」として、農業重視の姿勢を明確に示したことを報じた。

同会議で同意された「決定（草案）」は、翌一九七九年九月二八日の第十一期四中全会で正式に決定される（以下、《決定》）。《決定》は冒頭、「精力を集中して、未だ遅れている農業をできるだけ速やかに発展させなければならない。なぜなら農業は国民経済の基礎であり、農業の高速度の発展は、四つの現代化を実現することを保証する根本条件であるからである」と農業問題を改めて強調するとともに、その後、中国側が大分の〝一村一品〟に関心を寄せる伏線となる内容が多数含まれていることが分かる。

それを読み解いていく前に、まずその前提となる大分〝一村一品〟の概要とその理念について整理してみよう。

1 平松の〝一村一品〟の提唱とその理念

〝一村一品〟を提唱した平松は、長く通産官僚を務め、田中角栄総理の主張する「列島改造論」の推進役として新設された国土庁にも審議役として出向していたが、当時の立木勝大分県知事からの要請に応え、一九七五年七月に副知事に就任。その後、一九七九年の大分県知事選に出馬して、一九七九年四月に大分県知事に就任する。

〝一村一品〟が初めて公の場で発表されたのは、同年一一月に開催された「知事と町村長との懇談会」の席上であった。平松は「各市町村でこれなら全国的に評価にたえるという産品を一つずつ選んでいただきたい」「産品がないなら名所旧跡でも古い民謡でも良いから、自分たちが全国的にPRしたいと思うものを発掘してください」と呼びかける。これを受けて各市町村はそれぞれに〝一村一品〟を選定し、一九八〇年度内には、全県下で一四三のリストが揃った。[4]

〝一村一品〟は過疎に悩む地域への活性化のカンフル剤として、またたく間に全国に喧伝され、名称は様々だが、[5]北海道を嚆矢として、地域づくりの手段としてその手法を導入する自治体が増えていった。〝一村一品〟が一〇年目を迎えた一九八八年、三〇〇〇余りの自治体の約七割が何らかの形で関わっていたという。[6]

右のように〝一村一品〟は、基本的な理念に沿った様々な活動を総称したものであり、それぞれの地方のアイデアによって形づけられる融通無碍な側面を有する。その基本的な理念について、平松自身、以下の三点にまとめている。[7]

第一に、「ローカルにしてグローバルなものに仕上げなければならない」ということである。ローカルであればあるほどグローバルである、す

「畦道グループ（天瀬町）」が生産・販売するかりんとう（上）と湯布院音楽祭の様子（下）（写真提供：内田正氏）

なわちニューオーリンズのジャズやアルゼンチンのタンゴのように、地域的な特色を出せば出すほど、それが国際的にも評価されるのであり、地域の文化と香りを持ちながら、全国・世界に通用する「モノ・文化」を創ることが重要との考えである。

第二に「自主自立・創意工夫」である。「お上が提唱した運動というのは長続きしない」との観点に立ち、何を〝一村一品〟に選び、育てていくかは地域住民が決め、自分の金と勘定でやってみて、創意工夫を重ね、うまくいけば地域住民が一生懸命やる、との考えである。したがって、県が〝一村一品〟を指定して徹底的に育成するというような行政の発想ではなく、県は技術支援やマーケティングなど、あくまで側面から応援するにとどまる。

第三に「人づくり」である。結局うまくいった地域には優れたリーダーがいたということであり、グローバルな視野を持ち、チャレンジ精神に富む地域リーダーがいてこそ、その地域の運動は成功するとの考えである。〝一村一品〟の究極の目的は、地域人材育成にあったといっても過言ではない。平松はこのため「豊の国づくり塾」を開講し、多くの地域リーダーを育ててきた。

2 〝一村一品〟と《決定》の親和性

《決定》は、改革開放政策に舵を切った後の文書とはいえ、いまだ人民公社など旧体制を引きずった中での漸進的な改革の色彩を帯びている。例えば、「人民公社、生産大隊と生産隊の所有権と自主権は、国家の法律の適切な保護を受けるべきであり、いかなる機関と個人も勝手にその利益を剥奪し侵犯することはできない」とし、「社会主義の方向を堅持する」としている。また、「人民公社の各経済組織は、労働に応じて分配する原則を執行しなければならない」として、生産請負も、特殊なニーズや辺鄙な山間地区、交通不便な孤立した家以外は認めないとしている。

一方で、「社員の自留地、自留家畜、家庭副業と農村市場での売買は、社会主義経済の付属と補充であり、いわゆる資本主義の尻尾と批判することはできない」、とも記しており、過度期の文書の色を濃くしている。

そうした中、《決定》には、〝一村一品〞の理念と親和性を持つと思われる記述がみられる。以下、〝一村一品〞の三つの基本理念に沿って例示してみよう。

①「ローカルにしてグローバルなものに仕上げなければならない」

従来の人民公社体制では、国家の命令による主に糧食を中心とした単一的な生産を行っていたが、《決定》では「我々は……各方面の潜在力を十分発掘し、農林牧漁業を大きく発展せしめなければならない。糧食作物と経済作物も、各地区の特色に応じて、適当に集中発展させなければならない。」「現代化した農畜産品加工工業を努力して建設し、農業の現代化に適応・促進しなければならない。」とした。

これにより、各地区の特色のある潜在的な資源を活用した農林牧漁業を行い、さらにそれを加工する第二次産業を発展させることを謳っている。これは〝一村一品〞が、農産加工を積極的に発展させ、一次産業を「一・五次産業」化して農産品の付加価値を高めていったことと軌を一にしていると言えよう。

②「自主自立・創意工夫」

既述のように、「社員の自留地、自留家畜、家庭副業と農村市場での売買は、社会主義経済の付属と補充であり、いわゆる資本主義の尻尾と批判することはできない」として、従来の殻を破り、各農民の自留地での自主的な生産と流通活動を公式に認め、保護する措置を取った。

それにとどまらず、「多角的経営をうまく行い、農畜産品加工業を興し、自己産品の商いを発展させ、できるだけ早く農工商連合企業を作り、農業現代化の中でモデル・牽引作用を発揮させる。」として、その後の生産・加工・流通・販売を総合的に扱う「龍頭企業」や「農民専業合作社」につながる構想が既にこの時点で示されていることが興味深い。

農村におけるこれまでの行政のあり方も次のように反省している「長期に渡り、いくつかの党委員会、政府機関と関係業務部門は、農業の指導管理に対し、往々にして行政命令的な方法・規定・措置に単純に依存して、下級の農村社・隊に至るまで一律に執行を要求することが習慣となっていた。この種の方法は、実際から乖離し、群衆から乖離し、常に願いと違え、農民の積極性を挫き、農業生産建設の損失を作り出し、農村経済の活性と発展を妨害してきた。真剣に変えなければならない。」「大衆が自ら望むことを遵守し、我々が長年来行ってきた有効な典型モデルの方法を採用し、強迫的な命令やでたらめの指揮を防止する。」

これは正に平松が指摘した「お上が提唱した運動というのは長続きしない」との観点と一致していると言えよう。

③「人づくり」

《決定》は、当面の二五の政策・措置を提起しているが、その二五番目として人材育成を掲げ、「広大な農村の基層幹部の積極性を保護・動員し、農業発展の最も重要な部分とする」「専門的な計画を制定し、政治上、文化上、管理上、専門技術上、基層幹部への研修教育を強化する」ことを謳っている。

ただし、一九七〇年代半ばまで続いた文化大革命の爪痕は深く、政治運動の中で誤って「打倒」された幹部も多数にのぼり、その名誉回復と復帰が喫緊の課題であったことは日本の状況と根本的に異なっていた。

第二節　一九八〇年代　人民公社解体に伴う農業・農村の構造改革開始と〝一村一品〟運動との邂逅

1　中国　各地の実情に応じた農家請負制度の発展

《決定》に基づき、改革・開放の第一段階における経済改革の重点は農村に置かれ、人民公社の解体や農業での農家請負制度（中国語：家庭联产承包责任制）推進など、農業・農村の構造改革が開始される。農家請負制度とは、農家を単位として、集体組織（村）に対して土地等の生産手段と生産任務を請け負うという、農業生産責任制の形式であり、一九五〇年代から文化大革命期まで禁止されていたものである。一九七八年、安徽省鳳陽県小崗村の十八名の農民が「血判状」により農家請負制度を求め、それが改革開放の序幕となったことが後年、改革開放史の中で語られている。

一九八〇年九月二七日、中共中央は《農業生産責任制をさらに強化し改善することに関するいくつかの問題について》を発出し、農業生産責任制を各地の実情に結び付けて実行することを求める。さらに翌一九八一年三月、中共中央と国務院は《農村の多様な経営を積極的に発展させる報告》を発出し、そこでも「我が国の農業は〝糧食生産を決しておろそかにせず、積極的に多様な経営を展開する〟方針に照らし、糧食生産と多様な経営の関係を正確に処理する。各地で社隊と社隊聯合を主とすると同時に、積極的に社員が多様な経営を展開することを激励し支持しなければならない」と指摘して、従来の人民公社時代の画一的な方法に捉われず、農民が積極的に多様な農業経営を展開することを奨励していた。

そして一九八二年一月一日、中共中央は、改革開放後の農業に関して最初となる「中央一号文件」を発出する。この《全国農村工作会議紀要》においては、①農業生産責任制、②農村商品流通の改善、

③農業科学技術、④経済効率の向上と生産条件の改善の四点について意見を述べているが、①と④についてはそれぞれ右の発出済の文書を確認した内容であるのに対し、②については「農副産品の購入価格を安定させ、商品生産を発展させることにより農民の収入を増加させる」こと、そのため「市場管理を強化し、計画経済を主とし市場調整を助けとする」ことを、③については「農村教育を全力で発展させ、農民の文化水準を高める。農業科学技術人員の待遇を向上させ、専門学校卒業生が農村で仕事をすることを奨励し、科学技術を普及させる」ことを謳うなど、農村における市場の発展と人材育成を促進する措置を明らかにしていた。

次いで一九八三年一月二日に発出された、改革開放後の農業に関して第二番目となる「中央一号文件」である《当面の農村経済政策の若干の問題》では、工業と農業、都市と農村の格差是正の課題が提起される。すなわち、「農村は、農・林・牧・水産業の全面発展と、農・工・商の総合経営の道を歩んでこそ、農業生態の良性の循環と経済効益の向上、農村の余剰労働力が耕作をやめても農村を離れず、多部門の経済構造構築が保持できる」としたが、こうした提起は、まさに後述する郷鎮企業発展に向けた地ならしとなっていった。同文書は、「農・林・牧・水産業の商品生産基地を建設しなければならず、辺鄙な山間区と少数民族への支援を強化し、貧困の状況を変えなければならない」ともしており、こうした「商品生産基地」がその後の郷鎮企業、さらには中国における〝一村一品〟展開の基盤ともなっていくのである。

一九八三年一〇月一二日、中共中央と国務院は《政社分離と郷政府設立の実行に関する通知》を発出し、さらに翌一九八四年三月一日の《社隊企業の新局面の開始に関する報告》で、「社隊企業」を「郷鎮企業」に名称変更することを通知する。同通知は、「郷鎮企業は多様な経営の重要な構成部分であり、農業生産の重要な柱であり、広大な農民群衆が共同富裕へ向かう重要なルートである」「郷鎮企業の発展は、専業請負と経営規模の適当な拡大に有利である」「郷鎮企業の発展は、農民の耕作をやめても農村を離れないことの実現、農民が都市に押し寄せることを避けることに有利である」などとして、郷鎮企業の意義を明確に示した。

　こうして郷鎮企業が正式に認知され表舞台に登場した一九八四年の一月一日に、改革開放後の農業に関して第三番目となる「中央一号文件」である《一九八四年の農村工作に関する通知》が発出されている。同通知においては、今後の重点として、引き続き農家請負制度を継続的に安定・改善することに加え、生産力水準を高め、流通ルートの流れを良くし、商品生産を発展させることを挙げた。そのために具体的には「商品生産サービスシステムを整備し、農民の技術、資金、供給と販売、貯蔵、加工、運輸、市場情報、経営指導等の方面の要求を満足させる」ことを指摘しているが、こうした動きの加速も後述する〝一村一品〟の受容への背景となっていたのである。

2　大分「豊の国づくり塾・人づくりの時代」

　一方、大分県においては、この時期の一九八三年から一九八八年頃までを「豊の国づくり塾・人づくりの時代」と位置付けている。[8]

一九八三年四月に知事選で再選を果たし、二期目に入った平松は、同年七月に「豊の国づくり塾」の開設を決定する。これまでの運動の中で成功したところには必ず優れたリーダーが存在し、彼らが中心となって若者が集い町が活性化していたことを踏まえ、「地域リーダーの哲学を学び、成功した事例、失敗した試みを盗み取り、自分たちの実践に活かしてい」くことを、「豊の国づくり塾」の目的とした[9]。

同塾の課程は二年で、一年目には地域づくりリーダーや企業のトップなどの講師を招いての学習課程であり、二年目からはそれぞれが自ら行う実践課程であった。卒塾生は第一期生が四二一名、一九八六年からの第二期生が三八四名を数え、一九九九年度末までの卒塾生合計は一六三〇名を超えたという[10]。

一九八三年三月、平松は〝一村一品〟のリーダー一〇人とともに総理官邸に招かれ、中曽根総理と懇談する。これは大分県の地域づくり活動に関心を持つ中曽根総理が、現場の生の声を聞きたいと開いたもので、平松が〝一村一品〟について説明したあと、リーダー達が順番に産品を手に実践活動を報告した。こうした機会をも活かした「人づくり」は、次に大分での中曽根総理との対話へとつながる。一九八四年一〇月、テクノポリスや〝一村一品〟視察のため来県した中曽根総理を囲み、宿泊地の湯布院町では、県内外の「ムラおこし」リーダーに平松を交えて、麦焼酎を酌み交わしながらの「総理を囲む夜鍋談義」を行ったのである[11]。

3 中国「学習と模倣段階」
——汪道涵・上海市長の平松招請

中国における〝一村一品〟研究の第一人者と目される秦富は、中国における〝一村一品〟発展の歴史を三段階に区分し、八〇年代を「学習と模倣段階」としている。

この時期は、前述のとおり一部の農村で農家請負制度が実行され、農民の積極性が急速に動き出した時期であった。糧食・綿・油など主要農産品の生産が促進され、農産品加工専業農家が現れ始めた。政府は積極的に農業と農村の経済構造を調整し、村単位の優良品種の普及を開始する。[12]

そして一九八〇年代後半、いくつかの省が日本の大分県の〝一村一品〟の経験を学ぶと、現地の実際の専業生産と結合させ、各地で大量の栽培や農産品加工の専業農家や、大規模

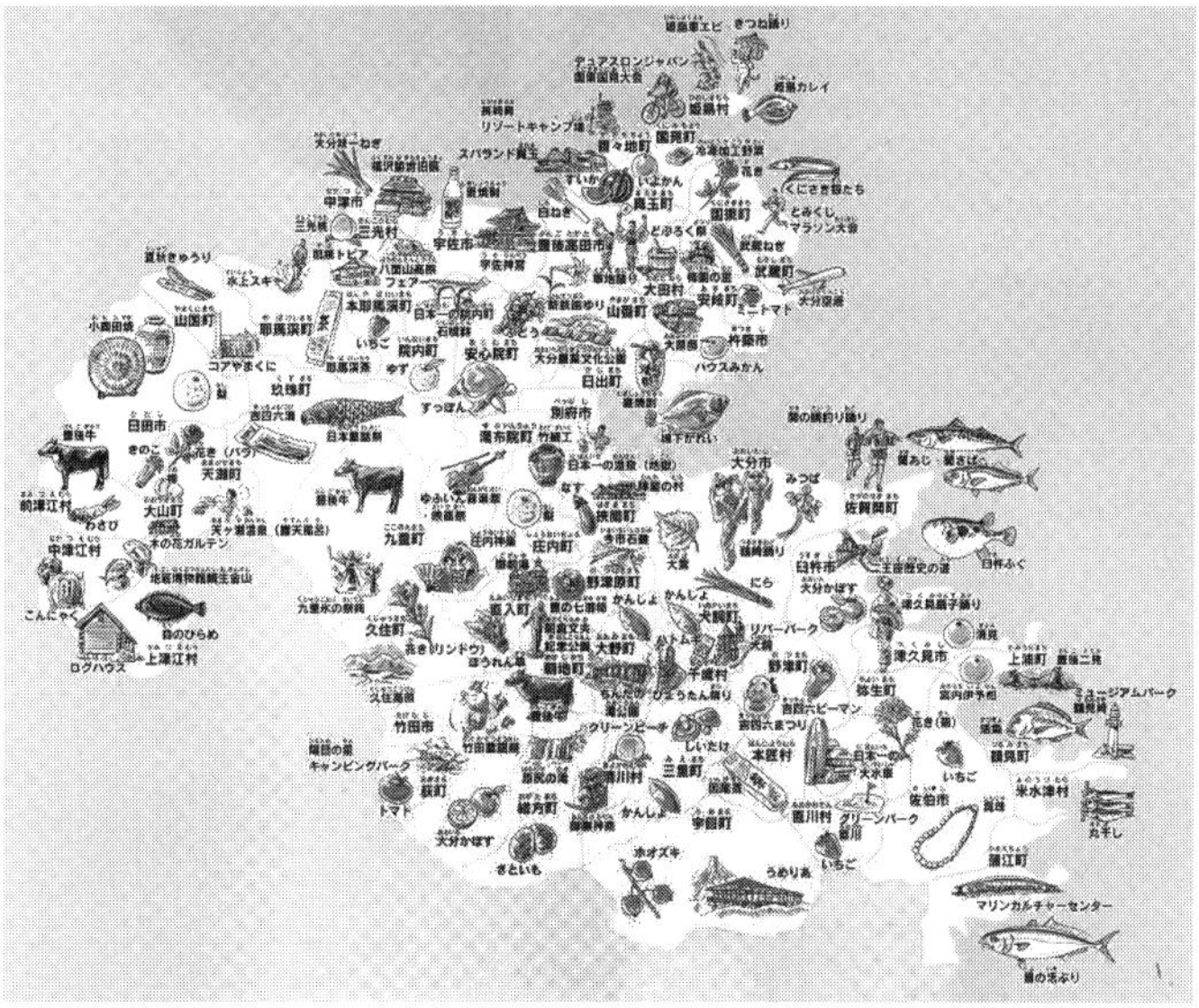

大分“一村一品”マップ（内田正氏提供）

な専業村が現れ、特色のある村に成長していった、というのがこの時期の大きな流れであった。[13]

この時期、〝一村一品〟と中国の邂逅にとって大きな意義を有していたのが、一九八三年の平松の初めての訪中であった。一九八三年八月二日、平松は汪道涵・上海市長の招きにより訪中するが、平松は汪道涵から招かれた背景について、以下のように説明している。

「五八年（筆者注：一九八三年）八月、中国の汪道涵・上海市長から招かれ、大分の一村一品運動とテクノポリスについて講演した。上海は中国の工業の最先端の町で、四人組が追放された後、一部、市場原理を導入した工業化政策をとっている。が、なかなか組織がうまく活性化せず、揚子江の汚染はひどいし、工場の排煙もある。そこでクリーン・インダストリー、特に電子工業を興し、農村の生産力を上げたいと思っていたようだ。汪道涵市長は、拙著『一村一品のすすめ』を読み、一村一品運動を取り入れようとした。[14]」

上記から分かるように、汪道涵・上海市長の意図は主に電子工業活性化に大分県の経験を活かせないかという点であり、必ずしも農村の地域開発を狙って平松を招いたとは言い難い。平松も「日本での経験を話しながら、これからの中国の電子技術の方向についてアドバイスした。「大分の一村一品運動はＱＣ（品質管理）運動だ。だからこれは工場でも適用できるし、農業にも適用できる」と汪道涵市長はこの運動を高く評価した」とし、そして実際に「その年の一二月に劉振元・上海副市長らが来県し、「上海市では平松知事の提案を活かし、一廠（一工場）一品運動を展開して大きな成果を上げている。電子工業化を上海市人民政府の政策に取り入れています」との報告を受けた」としている。[15]

この平松の上海での講演会には、ＮＨＫの中国語放送を聴いて開催を知った河北省滄州地区の青年・王翔が、はるばる河北省から自費で参加したエピソードが残っている。王翔は日本語を独学で学ぶ青年で、平松の〝一村一品〟に関心を持ち思い切って平松に手紙を書く。思いがけず平松からの返信と本を贈呈された王翔は、上海にかけつける。[16]この青年について平松は著書に「感激したのは遠い河北省から講演を聞きにきた若者がいたこと。手垢で汚れた『一村一品のすすめ』を持ってこられた」と記している。[17]

王翔は、関係者の協力を得て平松から贈呈された本を中国語に翻訳し、河北省滄州地区の政府指導者に〝一村一品〟を発展させ農村経済を振興させることを建議する。[18]これをきっかけに、滄州地区数県は「一村一品、一村一宝、一人一建議」活動を開始し、これを起爆剤として、農村の経営形態の多様化、商品経済への模索が本格化していくことになったという。〝一村一品〟の経験こそ、計画経済から市場経済へ移行しようとする農民にとって、市場メカニズムを理解する絶好の方策であった。[19]

こうして草の根レベルで〝一村一品〟が浸透していく一方、高層レベルでも徐々に広がりを見せていく。一九八五年五月、平松一行は、上海市に加え、大分市の姉妹都市となっている武漢市や西安市などを訪問して、〝一村一品〟について講演した。その際、呉官正[20]武漢市長は、講演に来ていた聴衆に向かって、「上海に負けぬよう、〝一村一品〟〝一人一計〟に頑張ろう」と呼びかけたという。[21]上海で蒔いた〝一村一品〟の種は、その後姉妹都市関係を通じて湖北省・武漢に至り、武漢のトップが上海との競争意識を持って、上海とは異なる名称で〝一村一品〟を展開させていったのは興味深い。

一方、江蘇省において〝一村一品〟に注目したのは、中国で著名な社会学者・費孝通教授と江蘇省小城鎮研究会の朱通華総幹事（南京師範大学教授）であった。彼らは一九八四年に江蘇省の行政当局に〝一村一品〟の特色と豊富な事例を紹介し、〝一郷一品運動〟〝一鎮一品運動〟を提唱した。中国では一九八一年に全国規模で小城鎮（小さな地方都市）建設が始まり、郷鎮企業の振興策が展開されたが、これは衰退した地方都市の失業者が大都市に大量流入することを防止するための対策として行われたものであった。[22] 地方での展開は、さらに陝西省、江西省や甘粛省にも及んでいく。[23]

こうした面的な広がりに加え、中国の高層レベルの指導者が〝一村一品〟の現場視察のために相継いで大分県を訪問するようになるのもこの時期であった。一九八六年四月には呉学謙国務委員兼外交部長[24]が、一九八七年には田紀雲副総理が、一九八八年三月には汪道涵前上海市長が、同年七月には中国広東省科学技術委員会一行が来県し、一村一品運動の現場視察を行っていく。

また、こうした中国との交流の拡大を基礎に、一九八八年一〇月、大分県大山農協は中国江蘇省蘇州市の呉県経済技術考察団と経済交流会議を開催し、合弁会社の設立を決定する。また大分県は、〝一村一品〟を県外及び海外市場に販売する民間主体会社として大分一村一品（株）を設立するなど、民間レベルでの海外展開も開始する。[25]

平松は翌一九八九年七月には（財）大分県国際交流センターを設立して、地域づくりグループなどの交流、情報交換の場、〝一村一品〟の紹介の拠点を設立。さらに同年一〇月にはロサンゼルスのアンテナショップで「大分一村一品フェア」を開催するなど、米国での展開にも力を入れる。さらに一九九〇年一二月、平松は韓国を訪問し、盧泰愚大統領と〝一村一品〟などによる地域活性化をテーマに意見交換するなど、この時期平松は〝一村一品〟の海外展開に注力し、実績を重ねていった。[26]

第三節　一九九〇年代　社会主義市場経済の浸透と農業産業化のツールとしての〝一村一品〟

一九八〇年代が、人民公社解体に伴う農業・農村の構造改革開始の時期とすれば、一九九〇年代は、一九九二年の鄧小平の「南巡講話」後、同年一〇月の党大会で「社会主義市場経済」が提起され、それが農村でも浸透・発展した時代であったと言えよう。その過程で追求された農業産業化を促進するツールとして、〝一村一品〟が活用されていく。

以下、その過程を見ていこう。

1　中国「専業合作組織と龍頭企業の相互結合段階」と〝一村一品〟

一九九〇年代には、農業・農村の構造改革が進み、農産品流通体制も深化して、農業経営は単純な栽培から、生産・加工・販売が一体化した農業産業化経営が発展していくが、それを牽引したのは龍頭企業と専業合作組織であった。秦富は、中国の九〇年代を「専業合作組織と龍頭企業の相互結合段階」と称している。[27]

龍頭企業とは、当該業界においてその他の企業に影響力を持ち、一定の模範や指導的な役割を担うとともに、当該地区、当該業界または国家において突出した貢献をする"Leading enterprise"である。また、農民専業合作組織を代表する「農民専業合作社」は、二〇〇六年に制定される「農民専業合作社法」において、「農村家庭請負経営の基礎の上に、同類の農産品生産経営、あるいは同類の農業生産経営サービスの提供者、利用者が、自らの意思で聯合し、民主的に管理する互助性の経済組織」であり、「構成員を主要なサービスの対象として、農業生産材料の購買、農産品の販売、加工、運輸、貯蔵及び農業生産経営関連の技術、情報等のサービスを提供する」と定義されている。あくまで農民の自主的な組織であり、過去の人民公社と異なり、現状の生産関係を変更せず、また農民の財産関係にも触れないことがポイントであった。

この龍頭企業と専業合作組織が〝一村一品〟と連動し、その後の〝一村一品〟発展の基盤となっていくが、その動因となったのは、九〇年代に起きた国内市場の変化による食糧生産の過剰や農民の減収等の問題であった。

都市消費が変化し、米や小麦のような主食の消費が減少して、青果物や肉などの副食品の消費が増加したことに加え、特に九六年以降は穀物を中心とする農産物が豊作であったこと、政府の価格支持政策の後退が進んだこと、さらに上記の消費需要の変化への対応が遅れたことが相まって農産物価格が低下していった。それに伴い農業生産の成長も減速し、農民の所得増加の伸び悩みという結果をもたらすに至ったのである。[28]

こうした食糧生産の過剰や農民の減収等の問題に対応して、中国政府は一九九二年九月、「高付加価値・良質・効率の高い農業を発展させる決定」を発出する。同文書は、①市場志向、②農業産業構造の高度化、③流通を重点とした貿易・工業・農業一体化の経営体制、④科学技術進歩による高付加価値・良質・効率の高い農業発展などへの転換を打ち出していた。

また、一九九四年四月、国務院は農村の貧困問題を解決し、東部と西部の地域格差を縮小することを目的とした《国家八七貧困攻略計画》を発出する。一九九四年から二〇〇〇年までの七年間に八千万人の貧困人口の衣食問題を基本的に解決することを目指すもので、国務院は、「現地の資源を開発利用し、商品生産を発展させる」「直接群衆の衣食問題を解決できる栽培業、養殖業や関連の加工業、運送・販売業を重点的に発展させる」ことを強調していた。

これらの施策を背景に、一九九〇年代半ば以降、中国各地では、伝統農業以外の地方の特色を持つ農業産業の開拓に今まで以上の力を入れ始め、郷鎮や村の幹部は、農村地域の特色農産業を興し、何とか活路を見つけようとしていったのである。

以上の政策転換と現場の努力があいまって、九〇年代末には、付加価値の高い経済作物の耕種や養殖業が発展し、これらの産業の専業村も増え始める。そしてこの時期から〝一村一品〟の名称が全国で頻繁に使われるようになった。〝一村一品〟はネーミングが印象的で農民に理解されやすく、農業生産構造転換と農民増収の有効なツールとして受け止められたのである。[29]

2　大分「一村一文化・スポーツ運動の展開」「観光・交流」の時代

一方、大分県においては、この時期の一九八八年から一九九三年頃までを「一村一文化・スポーツ運動の展開」、一九九四年から二〇〇一年頃までを「観光・交流の時代」と位置付けている。[30] 一九九一年二月に平松は〝一村一文化事業〟をスタートさせるが、これは「一村一品運動は、地域の誇りとなるものであれば、地域の文化も一品の対象となる」[31]との考えに基づくものであった。また同年一二月、平松はサッカー・ワールドカップ日本招致委員会「招致理念・策定委員」に就任したことから、大分県がワールドカップ開催の国内候補地として立候補する機運が生まれていく。

一九九〇年代の平松の足跡を辿ると、中国との密接な関係に加え、韓国をはじめとする周辺アジア諸国との〝一村一品〟を媒介とした国際交流の広がりが見て取れる。図表4-1に、九〇年代の主な国際交流の事例（中国を除く）を示すが、各国首脳との交流、韓国との一連の「豊かな地域づくり日韓国際シンポジウム」、「アジア九州地域交流サミット」、「アジア一村一品国際セミナー」など、平松が極めて精力的に〝一村一品〟のアジア展開を図っていたことが分かる。

こうした平松の努力により、〝一村一品〟の知名度はアジア全体で高まっていくが、一九九〇年代から長く平松の通訳や業務調整を担当してきた王君栄によれば、中国におけるこの時期の〝一村一品〟の普及は限定的なものであり、必ずしも順調ではなかったとの印象を有している。〝一村一品〟が中国で一気に普及し知名度を高める〝起爆剤〟となったのは、二〇〇二年四月、曽慶紅を団長とする一行三二名の大分来県であった。[32]

図表4-1　1990年代の大分県の主な国際交流（中国を除く）

1990年12月	平松知事、韓国を訪問し、盧泰愚大統領と一村一品運動などによる地域活性化をテーマに意見交換。
1991年10月	韓国セマウル運動のリーダーが一村一品運動を視察。
1991年12月	マレイシア・マハティール首相夫妻が来県。
1992年 5月	大分・ソウル国際定期便就航を記念し、友好親善訪問団が韓国を訪問。第1回豊かな地域づくり日韓国際シンポジウム・イン・ソウルが開催。
1992年 7月	一村一品運動視察のため、韓国のセマウル運動指導者44人が来県。
1992年 7月	一村一品運動視察のため、中国とマレイシアから53団体が来県。
1992年10月	第2回豊かな地域づくり日韓国際シンポジウム・イン・別府が開催。
1993年 5月	平松知事訪韓。「一村一品運動と地域活性化」講演。第3回豊かな地域づくり日韓国際シンポジウム・イン・大田が開催。
1993年10月	第4回豊かな地域づくり日韓国際シンポジウム・イン・湯布院が開催。
1994年10月	アジア九州地域交流サミット。アジア9ヵ国、九州6県、2市の首長が参加。
1995年 8月	第7回豊かな地域づくり日韓国際シンポジウム・イン・春川が開催。
1995年 9月	平松知事一行がインドネシアを訪問。スハルト大統領と会談。
1995年10月	第2回アジア九州地域交流サミットがマニラ市で開催。
1995年11月	フィリピン・ラモス大統領夫妻が来県。
1996年 1月	第8回豊かな地域づくり日韓国際シンポジウム・イン・佐伯が開催。
1996年11月	第3回アジア九州地域交流サミットが福岡で開催。
1996年11月	第9回豊かな地域づくり日韓国際シンポジウム・イン・水原が開催。
1997年 1月	第10回豊かな地域づくり日韓国際シンポジウム・イン・別府が開催。
1997年 8月	第11回豊かな地域づくり日韓国際シンポジウム・イン・済州が開催。
1997年11月	第4回アジア九州地域交流サミットがマレイシアで開催。
1998年 9月	第5回アジア九州地域交流サミットが沖縄で開催。
1998年11月	第1回別府アルゲリッチ音楽祭が開催。
1998年12月	アフリカ・マラウイ共和国への国際開発援助の推進を目的としたワークショップを大分県とJICAで開催。
1999年 2月	第1回アジア一村一品セミナー開催（大分県、JICA共催）。

（出所）大分県一村一品21推進協議会『一村一品運動20年の記録』2001年3月より筆者作成。

第四節　二〇〇〇年代「社会主義新農村建設」の中の〝一村一品〟と国際セミナーの展開

1　曽慶紅一行の大分来県

江沢民国家主席の腹心と目されていた曽慶紅・中共中央書記処書記・組織部長を団長とする中国共産党友好代表団一行三二名が、大分―上海間に新たに開設された国際定期便の初便で来県したのは、二〇〇二年四月二五日であった。一行は、大分市で開催された日中国交正常化三〇周年記念大会に出席し、その後、〝一村一品〟発祥の地である大山町、湯布院などを平松の案内で視察する。中国・陝西省、江西省から同時期に来県した歌舞団の公演も代表団の来県に合わせて行われ、三〇周年記念行事に花を添えた。

この一地方都市で実施された日中国交正常化三〇周年記念大会には、異例とも言える日中のハイレベルの出席者があった。以下、当時の資料[33]から主要な人物を列挙してみよう。

2005年、西安で開催された一村一品国際セミナーで曽慶紅氏（右）と懇談する村山富市元首相（中央）、平松知事（左）（写真提供：内田正氏）

【日本側】
村山富市：元総理大臣
森　喜朗：前総理大臣
野田　毅：元自治大臣
野中広務：自民党幹事長
古賀　誠：自民党元幹事長
中川秀直：元内閣官房長官
冬柴鉄三：公明党幹事長
村岡久平：日中友好協会会長

【中国側】
曽慶紅：中共中央書記処書記、組織部長
李建国：中共中央委員、陝西省委書記
孟建柱：中共中央候補委員、江西省委書記
黄晴宜：中共中央候補委員、中央組織部副部長
王家瑞：中共中央対外聯絡部副部長
栗戦書：陝西省委常委、西安市委書記
呉新雄：江西省常委、南昌市委書記
李　兵：国家外国専門家局副局長
王栄華：民航総局国際合作司司長

その後、曽慶紅は中共政治局常務委員に昇格、孟建柱は中共政治局員、国務委員兼公安部長に、栗戦書は習近平政権で頭角を現し、二〇一七年の党大会で中共政治局常務委員に昇格し二〇一八年の全人代で全人代常務委員会主任の要職に就くなど、大分に来県した一行はその後の中国政治・行政において強い影響力を有するメンバー構成であったことが分かる。二一世紀に入り特に熱心に〝一村一品〟に取り組んだ代表的な省の一つとして、陝西省、江西省が挙げられるのは[34]、省トップがこの代表団に参加したことと無関係ではなかろう。

2　中国　胡錦濤の「和諧社会」と「社会主義新農村建設」の開始

中国においては、二〇〇一年一二月のＷＴＯの加盟により海外市場の圧力が一層高まった結果、農業の効率性の向上、農民の増収と農産品の競争力の強化は喫緊の課題となった。

他方、一九九〇年代の農業・農村の構造改革は一定の進展を見せたものの、この間、工業化により都市の経済は急速に成長し、結果的に都市と農村の格差がさらに顕在化することになる。収入格差に加え公共施設やサービス、教育、社会福祉などあらゆる面で格差が拡大した結果、農村労働力の非農業産業への移転や人口の都市への移転が進み、農業・農村の疲弊が深刻化していったのである。

胡錦濤が総書記に就任し「和諧社会」を提起したのは、まさにこの時期であった。二〇〇二年一一月に総書記に就任した胡錦濤は、翌二〇〇三年一月の中央農村工作会議において「農業、農村・農民問題を全党工作の重点中の重点としてさらに突出した位置に置き、しっかり解決する」と述べ、さらに同年三月に国務院は《農村税費改革試点工作を全面的に推進することに関する意見》を発出して、農民の税負担軽減措置に着手する。さらに翌二〇〇四年二月には、二一世紀に入って初の〝三農問題〟に関する「中央一号文件」となる《農民の収入増加促進に関する若干の政策意見》を公布した。

〝一村一品〟と胡錦濤の「和諧社会」が直接のリンケージを持つ契機となるのは、二〇〇五年一〇月の党一六期五中全会における第一一次五ヵ年計画の提案であった。胡錦涛はここで初めて「社会主義新農村建設」を独立の項目立てし、①都市と農村の統一的発展、②現代農業建設、③農村改革の全面深化、④農村公共事業の発展、⑤農民収入の増加について論じる。そして翌二〇〇六年二月、「中央一号文件」《社会主義新農村建設推進に関する若干の意見》において、初めて〃一村一品〃という言葉を以下のように使用したのである。これは、〃一村一品〃を推進することが初めて中国農業政策の綱要の中に明記されたことを意味していた。

三、農民の増収を持続し、社会主義新農村建設の経済基礎を固める

(11)農民の増収ルートを広げる。十分に農業内部の増収潜在力を発掘し、国内外市場のニーズに照らし、品質が優良で特色が明らかであり、付加価値が高い優勢な農産品を積極的に発展させ、〃一村一品〃を推進し、価値を増し効果を増すことを実現する。（傍線筆者、以下略）

これを受けて、農業部は二〇〇六年六月に部門連席会議制度[35]を立ち上げ、その事務局として「発展一村一品弁公室」を設立して、全国の〃一村一品〃の指導を開始した。中国の中央省庁の中に〃一村一品〃を掲げた部門が初めて設立されたことは特筆すべきであろう。

こうした体制整備を踏まえ、翌二〇〇七年には、初めて〃一村一品〃をタイトルとする文書が農業部から発出される。二〇〇七年一月八日付の農業部《一村一品の発展を加速する指導意見》は、①一村一品発展の社会主義新農村建設に対する意義、②一村一品の指導思想と目標、③一村一品発展の重点工作、④一村一品発展の工作メカニズムを詳細に記し、全国に通達した。

この文書において、〃一村一品〃の発展は「農村主導産業育成の主要なルート」「農業競争力増強の

重要な措置」「農民増収の重要な手段」「新型農民の重要なプラットフォーム」であるとの四つの意義を明示し、また社会主義新農村のカギとなる農民の資質の向上と新型農民の育成を〝一村一品〟というプラットフォームを通じて行うことを指摘するなど、〝一村一品〟を発展させることが胡錦濤の目玉政策である「和諧社会」「社会主義新農村建設」と直結していることを理論付けしたことに画期的な意義があると考えられよう。

また二〇〇七年一月二九日に発出された「中央一号文件」《現代農業を積極的に発展させ、社会主義新農村建設をしっかりと推進することに関する若干の意見》にも、前年に続き農村における多様な産業育成を通じた〝一村一品〟の発展を支持することが記され、この時点で〝一村一品〟が三農問題に対する中央の施策にしっかりとビルトインされたことは明らかであった。

さらに翌二〇〇八年の「中央一号文件」《農業基礎建設を強化し、農業の発展と農民の増収をさらに促進することに関する若干の意見》にも三年連続で〝一村一品〟が記される。この年の「中央一号文件」では〝一村一品〟は「農業産業化」の文脈に位置づけられ、龍頭企業を支持・育成し、「農民が専業合作社を激励し、農産品加工企業を興すか龍頭企業に株式出資することを奨励する」こととの横並びで記されているのが印象的であった。

以上見てきたように、二〇〇〇年代においては中国国内で江沢民から胡錦濤への指導部交代が行われたことに伴い、新たに「和諧社会」「社会主義新農村建設」という三農問題を最重視するという政策が強力に打ち出され、そこに〝一村一品〟がリンケージしていくという新たな展開がみられた。その動きと並行して、二〇〇二年の日中国交正常化三〇周年の機会に曽慶紅率いる大分県への大型ハイレベルの代表団の来県があり、これらが相俟って〝一村一品〟が新たな展開を加速する画期となったのである。

3　大分　NPO大分一村一品国際交流協会による国際一村一品セミナーの展開

六期二四年続いた平松県政は二〇〇三年四月で終了し、広瀬勝貞[36]が新知事に就任する。

平松の知事退任後、〝一村一品〟の国際展開は、新たに二〇〇五年二月にNPO法人登録され、平松が理事長に就任した「NPO法人大分一村一品国際交流推進協会[37]」がその推進エンジンとしての役割を担っていく。同協会はその目的を「人と自然の共生、地域の顔となる産品づくり、自前の文化の創造等をめざす「地球を結ぶ一村一品運動」を助長し、もって地域の活性化・貧困からの脱却・環境の保全など一村一品運動を通じた国際協力・交流の推進に資することを目的とする」とし、その目的を達成するため、①一村一品運動普及啓発事業、②顕彰事業、③国際一村一品運動調査研究事業を行うものとした。

右の①の一環として、大分県で実施した研修には、二〇〇五年から二〇一二年の八年間に、五十カ国以上から八六七三名の研修生が参加した。また**図表4-2**で示す通り、二〇〇四年から二〇一二年まで、タイの洪水のため延期となった二〇一一年を除き、毎年アジア諸国持ち回りで「国際一村一品セミナー」が開催された。海外で〝一村一品〟に取り組んでいる政府、自治体、個人、団体が一堂に会し、「体験やノウハウ」などの取り組み状況を報告し、技術や情報の交換と交流を行ったのである。[38]

「はじめに」に記した二〇〇八年の溧陽市における同セミナーの開催は、二〇〇五年に西安で開催された同セミナーに参加した溧陽市の指導者が〝一村一品〟に強い関心を抱き、大分への訪問や平松の上海等への訪問時に積極的に開催誘致した結果であった。[39] こうした中央に加えて地方政府レベルでの日中相互往来と国際交流の熱意が、中国国内での「社会主義新農村建設」という重要政策と相互に作用し、二〇〇〇年代以降における〝一村一品〟を新たなステージの高みに押しあげたと言えよう。

図表4-2　国際一村一品セミナーの開催実績

2004年 9月	「第1回国際一村一品セミナー」を、タイ・チェンマイで開催。
2005年11月	「第2回国際一村一品セミナー」を、人事部国家外国専門家局、農業部、陝西省と、中国・陝西省西安市で開催。
2006年10月	「第3回国際一村一品セミナー」を、日本・大分県別府市で開催。
2007年 7月	「第4回国際一村一品セミナー」を、マレイシア・マラッカ市で開催。
2008年11月	「第5回国際一村一品セミナー」を、人事部国家外国専門家局、農業部、江蘇省と中国・江蘇省溧陽市で開催。
2009年11月	「第6回国際一村一品セミナー」を、インドネシア・バリで開催。
2010年12月	「第7回国際一村一品セミナー」を、ベトナム・ハノイ市で開催。
2011年11月	国際一村一品セミナーを、タイ・バンコク市で開催予定も洪水で延期。
2012年12月	「第8回国際一村一品セミナー」を、タイ・バンコク市で開催。

（出所）大分一村一品国際交流推進協会『2004～2012活動の記録～世界に息づく一村一品～』2013年5月、14頁他より筆者作成。

第五節　二〇一〇年代　〝一村一品〟モデル村認定を通じた「強村富民プロジェクト」の展開

1　中国　〝一村一品〟「強村富民プロジェクト」の開始と全国展開

二〇一〇年代に入り、〝一村一品〟は新たな局面を迎える。それは、〝一村一品〟モデル村鎮認定を通じた「強村富民プロジェクト」の展開であった。

二〇一〇年一月に発出された「中央一号文件」《都市・農村の発展力を統一的に計画し、さらに農業農村発展の基礎を固めることに関する若干の意見》は、都市・農村改革を推進し、農業・農村の発展活力を増強する一環として、〝一村一品〟「強村富民プロジェクト（原文：強村富民工程）」と「専業モデル村鎮建設」を推進することを提起する。そのためには、農民専業合作社を発展させ、農民自ら農産品加工企業を経営すること、また龍頭企業の輻射能力を高めること、農業産業化モデル区を設立するなど、引き続き農民専業合作社と龍頭企業がこれらを牽引することを想定していた。

農業部は、この「中央一号文件」で提起した「強村富民プロジェクト」をさらに具体的に示すため、二〇一〇年八月に《〝一村一品〟強村富民プロジェクトを推進することに関する意見》（以下、《意見》）を発出する。これにより、今日まで続く〝一村一品〟強村富民プロジェクトの考え方と枠組みが明らかにされた。

《意見》は、このプロジェクトの意義を「現有の専業村鎮を基礎とし、各種資源要素を整合させ、村鎮全体で優勢な資源開発を推進し、農業の規模化、標準化、集約化した生産を進め、特色のある優勢なブランドをつくり、主導産業の向上・レベルアップを促進し、村レベルの経済力を強大にし、農民の増収と豊かになることをもたらす」とし、詳細に論じている。同時に、《意見》は「当面の重点工作」として、具体的に①〝一村一品〟専業モデル村鎮建設、②〝一村一品〟発展計画の各地での制定、③〝一村一品〟の生産と販売のリンケージ、④〝一村一品〟ブランド建設経験の研究と交流、⑤全国〝一村一品〟発展状況の調査統計の五点を提示している。その後の農業部の取り組みは、まさにこの《意見》を着実に実行したものであった。

また農民の能力向上についても、《意見》は「国家中長期人材発展計画綱要（二〇一〇〜二〇二〇年）」に位置づけ、市場意識を強く持ち、高い生産技能と一定の経営管理能力を有する〝一村一品〟のリーダーを育成することを強調しているが、これは大分の〝一村一品〟運動との共通する視点と言えよう。

二〇一一年三月、第一二次五ヵ年計画（二〇一一〜一五年）が開始されるが、農業部の《意見》に基づき、その後〝一村一品〟がどのように全国展開していったか、以下の図表４－３で概観してみよう。

図表4-3　2010年代の中国における“一村一品”の展開

2010年 1月	「中央1号文件」《都市・農村の発展力を統一的に計画し、さらに農業農村発展の基礎を固めることに関する若干の意見》を発出。
2010年 8月	農業部が《“一村一品”強村富民プロジェクトを推進することに関する意見》を発出。
2011年 8月	農業部が初めて全国322の一村一品モデル村を認定。
2011年10月	農業部は、「全国一村一品工作座談会」を西安で開催。農業部副部長が出席。12次五ヵ年計画末までに、富裕経済強村を全国に形成することを要求。
2012年11月	18回党大会で習近平が総書記に就任（胡錦濤時代終了、習近平体制発足）。
2012年11月	農業部は全国326の第2期一村一品モデル村を認定。
2013年 7月	農業部は全国328の第3期一村一品モデル村を認定。
2014年 7月	農業部は全国324の第4期一村一品モデル村を認定。
2015年 1月	「中央1号文件」《改革創新の力量に力を入れ、農業現代化建設を加速することに関する若干の意見》は「一村一品、一郷（県）一業」を推進し、農村観光を含む多様な機能開発を提起。
2015年 7月	農業部は全国306の第5期一村一品モデル村を認定。
2016年 1月	「中央1号文件」《発展の新理念の実行、農業現代化の加速、まあまあの生活を送る目標を全面的に実現することに関する若干の意見≫で「建設一村一品、一村一景、一村一韵》の歴史や文化の特色ある農村リゾート観光を提起。
2016年 7月	農業部は全国316の第6期一村一品モデル村を認定。
2017年 1月	「中央1号文件」《農業の供給側構造改革を深く推進し、農業・農村発展の新エネルギー育成を加速することに関する若干の意見》で、農業、文化、観光が「三位一体」となった“一村一品”のバージョンアップを提起。
2017年 7月	農業部は全国300の第7期一村一品モデル村を認定。
2018年 2月	「中央1号文件」《農村振興戦略実施に関する意見》で、中国の特色ある社会主義農村振興の道を歩み、農業を希望ある産業にし、農民を吸引力のある職業にし、農村を平穏に生活できる美しい家庭にするための2050年までの農村振興戦略の目標と任務を提起。
2018年 7月	農業部は全国300の第8期一村一品モデル村を認定。

（出所）各種資料より筆者作成。

図表4－3で示した展開過程の中で注目すべきは「一村一品モデル村」の認定である。二〇一一年八月に農業部が三二二の村を認定したのを嚆矢として、毎年夏に三〇〇余りの村を認定してきた結果、二〇一八年夏までに合計二八二二の村が認定されてきた。モデル村は今後も毎年三〇〇のペースで累積されていくことが想定されるとともに、認定に至る過程で、各村が決して軽くはない申請書類作成

2014年度に「蘭の花」で農業部から“一村一品モデル村”認定された、広東省四会市石狗鎮程村村の事例。(上)村の入り口に掲げた「蘭花の郷」の看板。(下)「社会主義新農村を建設し、省の蘭花の専業鎮を創る」のスローガンを記した横断幕(2018年3月5日、筆者撮影)

を行い[40]、上級の県、省・自治区などの一級行政区、さらに農業部での審査と競争を勝ち抜いて認定されていくことから、かなりの裾野の拡大があったと考えられる。

こうしたモデル村認定を通じた面的・量的な裾野の拡大は、胡錦濤政権から習近平政権に引き継がれていくとともに、習近平政権では、〝一村一品〟のバージョンアップともいえる展開が始まる。

2 中国 習近平体制下の〝一村一品〟のバージョンアップ

二〇一〇年以降、しばらく取り上げられなかった〝一村一品〟が再び「中央一号文件」に登場したのは二〇一五年初であった。習近平体制に移行してから二年が経過した二〇一五年一月、「中央一号文件」《改革・イノベーション（原文：創新）力の強化と農業現代化建設の加速に関する若干の意見》は、〝新常態〟下の中国経済においても引き続き「三農問題の解決を全党工作の重点中の重点にすることを堅持しなければならない」としつつ、「一村一品、一郷（県）一業」を推進し、農村観光を含む多様な機能開発を提起する。農民の増収のために、農業・工業・サービス産業が融合した発展を推進し、歴史、地域、民族の特色ある景観旅行村を建設し、多様で特色のある旅行レジャー産品を製造することを強調するようになる。

その後も〝一村一品〟は、二〇一六年、二〇一七年、二〇一八年の「中央一号文件」に四年連続登場する。二〇一六年一月の「中央一号文件」《発展の新理念の実行、農業現代化の加速、まあまあの（原文：小康）生活を送る目標を全面的に実現することに関する若干の意見》においても、〝一村一品〟

は「レジャー農業（原文：休閑農業）と郷村旅行を全力で発展させる」の項に位置づけられた。この項では、リゾート開発、観光に加え、養老や農耕体験、郷村手工業を発展させるとともに、生態環境や文化遺産を保護して、歴史記憶、地域特色、民族風情の特色ある村を発展させ、「建設一村一品、一村一景、一村一韻（音色）」といった、文化面を強調した農村建設を提起しているのが特徴と言えよう。この点、大分県が八〇年代後半から九〇年代にかけて文化や観光を〝一村一品〟の重点として位置付けていたことを想起させる。

さらに、二〇一七年一月の「中央一号文件」《農業の供給側構造改革を深く推進し、農業・農村発展の新エネルギー育成を加速することに関する若干の意見》では、農業、文化、観光が「三位一体」となった〝一村一品〟のバージョンアップを提起する。第一三次五ヵ年計画を審議した二〇一六年の全人代でキーワードになった「供給側改革」が農業に関する「中央一号文件」に反映されたものであり、新たに農業・工業・サービス産業が融合した「農村産業融合発展モデル園」の建設に言及しているのが特徴的であった。

他方、二〇一八年二月の「中央一号文件」《郷村振興戦略実施に関する意見》においては趣きを変え、〝一村一品〟を〝品質農業振興戦略〟の項に位置づける。国家品質農業振興戦略計画を制定し、品質農業振興評価体系・政策体系などを打ち立て、農業の緑色化、優質化、特色化、ブランド化を推進して農業を増産志向から品質志向へ転換させ、標準化生産、農産品ブランド、地理表示農産品を育成して、「一村一品、一県一業」発展の新枠組を形成することを謳った。

3　大分　開発途上国支援としての〝一村一品〟の展開

〝一村一品〟の提唱者であり、精力的に海外で講演や交流活動を行って〝一村一品〟の名を世界に広めた平松は、二〇一六年に老衰のため逝去する。平松亡き後の国際一村一品交流協会は、往年よりも規模は縮小しながらも、今日まで視察団・研修員の受入れ、各地での講演を主な活動内容として、地道に一村一品運動普及啓発事業を継続している。

また、〝一村一品〟は日本の開発途上国支援・国際貢献の文脈で登場し始める。例えば、〝一村一品〟がODAの一環としてJICAが実施する技術協力として展開された国は、JICAのウェブサイトを通じて確認できるだけでも、タイ、ラオス、キルギスタン、エチオピア、マラウィ、ケニア、モザンビーク、セネガル、ガーナ、ナイジェリア、コロンビア、エルサルバドルの一二カ国を数え、それ以外にも日本における集団研修コースに参加したり、プロジェクトの名称に〝一村一品〟が入っていなくてもその要素を組み込んだプロジェクトも含めると相当の裾野が広がっているのは間違いない。二〇〇八年に横浜で開かれた「第四回アフリカ開発会議（TICAD Ⅳ）」で、日本のアフリカ支援計画の具体策の一つとして〝一村一品〟が盛り込まれたこともこうした動きに拍車をかけていると言えよう。

また、経産省・JETROによる開発途上国「一村一品キャンペーン」は、アジア、アフリカ等の開発途上国の民族性の豊かな織物、手工芸品、玩具などの魅力的な商品を日本の人々に広く知ってもらい、ひいては開発途上国の商品の輸出向上を支援するという取り組みであり、二〇〇六年には成田、関西空港に「一村一品マーケット」を開設してアフリカ、アジア、大洋州の国を中心とした多数のユニークで珍しい商品を展示・販売している[41]。

他方、日本政府が二〇一四年以降、第二次安倍政権の重点施策として取り組む地方創生に関する政府文書では〝一村一品〟の文字は見られない[42]。地方の活性化という日本と開発途上国に共通する課題に対して、〝一村一品〟の理念と手法は開発途上国でODAなどを通じ新たな展開をみせている一方、おひざ元の日本においては必ずしも注目されていないという「ねじれ現象」が発生しているように見える。

第六節　日中開発協力史の中の〝一村一品〟とコメモレイション

なぜ日本の大分県という一地方を起源とする地域開発の理念と実践が、改革開放の中国で受容され、どのように発展してきたのか。改革開放四〇年の中で、中国における〝一村一品〟の意義は、どのように変容してきたのか。以下、まず本章で論じたポイントを要約しつつ、改革開放の中国における外国の地域開発理念の導入事例としての〝一村一品〟の今日的意義を考察することとしたい。

まず〝一村一品〟をめぐる大分県と中国の相互作用を概観すると、図表4－4のとおり整理できる。

図表4-4　“一村一品”をめぐる大分県と中国の相互作用

	大　分	中　国
1979年代末	「大分“一村一品”運動の幕開け」 1979年：平松の“一村一品”の提唱	「改革開放の幕開け」 人民公社など旧体制と過度期
1980年代	「豊の国づくり塾・人づくりの時代」 1983年：平松の上海訪問→ 1985年：平松の武漢・西安訪問→ 1984年：江蘇省小城鎮研究会との学術交流→	「学習と模倣段階」 人民公社の解体と郷鎮企業の認知 農家請負制度の発展と農業・農村の構造調整 ←上海での認知 ←高層レベルでの広がり ←学術界・草の根レベルでの浸透
1990年代	「一村一文化・スポーツ運動の展開」 「観光・交流の時代」 “一村一品”のアジア展開→	「専業合作組織と龍頭企業の相互結合段階」 食糧生産の過剰や農民の減収 農産品流通体制深化 生産･加工･販売が一体化した農業産業化 龍頭企業と専業合作組織の発展 国家八七貧困攻略計画 ←“一村一品”の普及は未だ限定的
2000年代	「国際一村一品セミナーの展開」 一村一品運動普及啓発事業 2005年：国際一村一品セミナーin西安→ 2008年：国際一村一品セミナーin溧陽→	「和諧社会と社会主義新農村建設の開始」 “一村一品”と「三農問題」のリンケージ 「社会主義新農村建設」の開始 ←2002年：曽慶紅一行の大分県訪問 ←“一村一品”が新たな脚光・普及の加速
2010年代	「開発途上国支援としての“一村一品”展開」 2016年：平松の逝去 ODAによる開発途上国での“一村一品” JICAプロジェクトの展開 経産省・JETROによる開発途上国「一村一品キャンペーン」 地方創生に関する日本政府文書では“一村一品”は不使用 一村一品交流協会による地道な活動の継続→	「強村富民プロジェクトと“一村一品”のバージョンアップ」 2,800を越える「一村一品モデル村」の認定 農村観光を含む多様な機能開発 農業・文化・観光の「三位一体」 農業・工業・サービス産業が融合した「農村産業融合発展モデル園」の建設 “一村一品”を“品質農業振興戦略”に位置づけ ←“一村一品”の全国展開とバージョンアップ ←視察団・研修員派遣の継続

（出所）筆者作成。

右の整理から、中国における〝一村一品〟の今日的意義として以下の点が導き出せよう。

第一に、今日の中国における〝一村一品〟の〝主流化〟である。

改革開放と〝一村一品〟は、中国と日本でほぼ同時期にスタートしたが、改革開放四〇年の中で、〝一村一品〟の位置づけが、外国の知見と経験を導入する当初の〝引智工作〟の段階を卒業し、中国にとっての最重要課題である「三農問題」の解決、そのための「社会主義新農村建設」に貢献するといった〝実践工作〟に格上げされていったと言えよう。

このことは、一九八〇年代の平松が、上海人脈とそれに連なる国家外国専門家局のルートを通じて頻繁な交流を行い、〝一村一品〟の導入と浸透を国家外国専門家局系統が牽引したのに対し[43]、二〇〇〇年代以降の「社会主義新農村建設」においては、農業部が専門の部局を設置し、全国の農業部系統が〝一村一品モデル村〟の認定業務を所管していることがその証左であった。

第二に、今日の中国における〝一村一品〟の〝転型〟である。

日本では大分県が地方発の内発的発展モデルとして「下からの」地域開発を志向したのに対し、中国では農民を主役とし、当該地域の比較優位性のある資源を活用しつつも、基本的には「上からの」地域開発を展開させてきたといえよう。〝一村一品〟に最初に着目した上海市長の汪道涵は、上海市党委員会書記、その後海峡両岸関係協会会長も務めた中国共産党の高層幹部であり、その後も〝一村一品〟は曽慶紅、胡錦濤、習近平ら中央最高指導者層の肝いりにより中央の政策と直結し、全国組織ネットワークがダイナミックに機能する中でその存在感を発揮していった。

中国式〝一村一品〟として特徴づけられるのは、「龍頭企業」と「専業合作社」が牽引する農業産業化であった。農家と「龍頭企業」「専業合作社」の関係は、地域や産業の実態に即して柔軟であり、多様な発展形態が許容されていることも、中国式〝一村一品〟の発展を支える要因となっている。

さらに習近平政権において、農業・文化・観光が「三位一体」となった〝一村一品〟のバージョンアップが提起されており、貧困撲滅、地域格差是正といった政策課題への処方箋の一つとして、〝転型〟しバージョンアップされた〝一村一品〟が、今後の中国の地方開発に貢献していく空間が広がっていると言えよう。

第三に、今後の日中関係における〝一村一品〟を媒体とした〝連携〟である。

〝一村一品〟提唱者である平松が二〇一六年に鬼籍に入ったことが、大分の〝一村一品〟展開に影響を与えたことは間違いないが、現在も国際一村一品交流協会は地道な活動を継続している[44]。

日本政府の進める〝地方創生〟においては〝一村一品〟が言及されていないのは既述のとおりであるが、他方で〝一村一品〟の理念と手法は開発途上国で歓迎され、JICAの進める開発途上国でのODA事業において多数の〝一村一品〟プロジェクトや、青年海外協力隊員による支援活動が行われている。

翻って〝一村一品〟は、地域開発理念・政策・手法が、大分という日本の一地域のリーダーが直接中国の地域開発政策に影響を与え、中国の中で〝主流化〟し〝転型〟しつつさらに発展の過程にあるだけでなく、アジア・アフリカ・中南米の開発途上国の地域開発に今も影響を与え続けている稀有な事例と言える。

　そうした開発途上国に対し、〝対外援助国〟として台頭してきた中国が〝一帯一路〟構想を掲げ実現していく中で、中国で一定の成功を収め〝バージョンアップ〟した中国版〝一村一品〟モデルが、〝一帯一路〟沿線国にも影響を与えていくことは否定できない。

　こうした中長期的な視野の中で、改革開放四十年間で培ってきた日中間の人的紐帯を活用しつつ、〝一村一品〟を媒体とした日中〝連携〟を模索することは、日中の首脳間で合意した第三国における日中民間経済協力の一環として、極めて時宜を得たものとなろう。

　〝元祖〟日本と〝バージョンアップ〟した中国の〝一村一品〟が、開発途上国にお

人民大会堂で開催された「中国100年で最も縁のあった10大国際友人」表彰式。中央(前列左から5人目)は賈慶林政治局常務委員・全国政治協商会議主席、その右隣が平松。前列左から4人目はシリントン・タイ王女(故プミポン国王子女)。2009年当時、10名の受賞者の内、存命は平松とシリントン王女の2人だけであった。(写真提供：内田正氏)

いてどのようにクロスオーバーし、開発途上国の地域開発に貢献できるか？　新たな日中関係を構築していく上での〝新型日中国際合作〟の可能性に期待したい。

最後に、平松と〝一村一品〟のコメモレイションについて整理してみたい。

冒頭記したように、江蘇省溧陽市に平松が揮毫した「溧陽大分一村一品　友好交流之碑」が建立されているが、平松は国家レベルでも、さまざまな表彰を受けている。二〇〇二年、国務院は、外国人専門家に授与される最高レベルの表彰である「国家友誼奨」を平松に授与した。さらに平松は、新中国建国六十周年にあたる二〇〇九年に実施された、「中国百年で最も縁のあった十大国際友人」に日本人としてただ一人選出され、加えて「新中国六十年：最も影響のあった外国人専門家表彰活動」でも世界から選ばれた十名の専門家の一人となる栄誉を得ている。日本からは、前章で記した原と平松の二名が選出された。

しかし、平松について特筆すべきは、前述したように〝一村一品〟は今も中国において〝主流化〟し、〝転型〟しつつ、新たな発展を遂げている最中であることである。そのこと自体が、平松と〝一村一品〟の最大のコメモレイションとして、刮目すべきであろう。

1　大分一村一品国際交流推進協会『二〇〇四～二〇一二活動の記録～世界に息づく一村一品～』二〇一三年五月、七六頁。
2　歴任した主要ポストを例示すると以下のとおり。汪道涵：上海市委書記、上海市長、海峡両岸関係協会会長、曽慶紅：国家副主席、中共政治局常務委員、呉学謙：国務院副総理、外交部長、黄華：国務院副総理、外交部長、王家瑞：中共中央対外連絡部

長、孟建柱：国務委員、公安部長、趙啓正：国務院新聞弁公室主任、万学遠：国家外国専門家局長

3　中国共産党中央が毎年発布する最初の文書。農業、農村、農民をテーマにした文書が多く、中国共産党が「三農問題」を重視していることを示しているとされる。

4　大分県一村一品21推進協議会『一村一品運動二〇年の記録』二〇〇一年三月、三七頁。

5　例えば、山形県「一地域一産地事業」、福島県「ふくしま・ふるさと産業おこし運動」、神奈川県「かながわ名産50選」、富山県「特産王国づくり」、長野県「むらおこしモデル事業」、広島県「広島ふるさと一品運動」、香川県「特産の里づくり推進モデル事業」、熊本県「くまもと日本一づくり運動」など（一九九〇年、（財）地域活性化センター調べ）

6　大分県一村一品21推進協議会、前掲書、一三八頁。

7　平松守彦『地方からの発想』岩波書店、一九九〇年九月、八〇、八二頁、松井和久・山神進編、前掲書、「発刊によせて」。

8　大分県一村一品21推進協議会、前掲書、九三頁。

9　大分県一村一品21推進協議会、前掲書、九九頁。

10　大分県一村一品21推進協議会、前掲書、九九頁。

11　大分県一村一品21推進協議会、前掲書、九三～九四頁。

12　秦富、張敏、鐘鈺等『我国〝一村一品〟発展理論与実践』中国農業出版社、二〇一〇年六月、一一頁。

13　秦富、張敏、鐘鈺等、前掲書、一二頁。

14　平松守彦、前掲書、九五頁。

15　平松守彦、前掲書、九六～九七頁。ただし、日本経済新聞「私の履歴書　平松守彦　ローカル外交」一九九二年六月二七日朝刊では、上海の農村においても、「一街一品」運動として取り組まれていると紹介している。

16　「一村一品催生尚村粛寧毛皮区域特色産業」二〇〇九年一月六日　https://club.1688.com/threadview/26132869.html（二〇一九年二月一六日閲覧）

17　平松守彦、前掲書、九七頁。

18　「一村一品催生尚村粛寧毛皮区域特色産業」二〇〇九年一月六日　https://club.1688.com/threadview/26132869.html（二〇一九年二月一六日閲覧）

19　任雲「中国における一村一品の展開と課題─事例研究を踏まえて─」桜美林大学『産業研究所年報』第三二号（特別号）、二〇一四年三月、三四頁。

20　呉官正は、その後江西省長・江西省委書記、山東省委書記などを歴任後、二〇〇二年から二〇〇七年まで中央政治局常務委員、中央紀律検査委書記を務める。
21　平松守彦、前掲書、九七頁。
22　大分県一村一品21推進協議会、前掲書、三五一頁。
23　任雲、前掲論文、三四頁。
24　呉学謙はその後一九八八年から九三年まで国務院副総理を務める。
25　大分県一村一品21推進協議会、前掲書、九二頁。
26　大分県一村一品21推進協議会、前掲書、一七六・一七七頁
27　秦富、張敏、鐘鈺等、前掲書、一二頁
28　菅沼圭輔「中国国内の農産物市場の動向と農業・貿易政策」『中国・上海の市場と福島県食品の展望』アジア経済研究所、二〇〇五年三月、一八・一九頁
29　任雲、前掲論文、三四頁
30　大分県一村一品21推進協議会、前掲書、一八六頁、二五九頁
31　大分県一村一品21推進協議会、前掲書、一八七頁
32　王君栄へのインタビュー、二〇一八年一月一八日。
33　夏鳴九「飛雪迎春到　中国共産党友好代表団訪日側記」『国際人才交流』国家外国専家局国外人才信息研究中心、二〇〇二年六期、四～八頁。
34　王君栄へのインタビュー、二〇一八年一月一八日。また秦富の前掲書においては、陝西省、江西省、浙江省、山東省の多くの機関が調査に協力したことが示されている。このことも〝一村一品〟における陝西省、江西省の重要性を示唆していると言えよう。
35　二〇〇六年六月二〇日の「農民日報」は、農業部が「発展〝一村一品〟聯席会議」を設置し第一回会議を開催したことを報じている。同報道によれば、同会議は農業部経営司、弁公庁、財務司等一八の単位で構成され、農業部副部長危安為が主宰。各単位から司長級幹部が構成員となり、弁公室は経営司に設置され、経営司長が弁公室の主任を兼務。日常業務は、農業産業化弁公室が具体的に担当しているとしている。http://www.lnjn.gov.cn/news/nongyeyaowen/2006/6/59180.shtml（二〇一八年六月一九日閲覧）
36　広瀬も平松と同じ通産省出身で、初代経産事務次官を経て大分県知事に就任した。

37　一九八一年一月、一村一品運動の趣旨に賛同したトキハデパートが、この運動に役立ててほしいと一億円を寄付したことから、県では同年三月に「大分県一村一品運動推進基金条例」を、同年五月に「大分県一村一品運動推進協議会」を設立して、基金利息で顕彰事業や人づくり、普及啓発などを行う体制を整備した。その後、一九九六年六月、「大分県一村一品運動推進協議会」を「大分県一村一品21推進協議会」に改組。さらに二〇〇四年一一月、「大分県一村一品交流大会」で「NPO法人大分一村一品国際交流推進協会」の設立を表明し、二〇〇五年二月にNPO法人の設立登記をして平松が正式に理事長に就任した（大分県一村一品21推進協議会、前掲書、二五〇頁、大分一村一品国際交流推進協会、前掲書、八頁）。

38　大分一村一品国際交流推進協会、前掲書、一四頁。

39　王君栄へのインタビュー、二〇一八年一月一八日、当時の溧陽市関係者へのインタビュー、二〇一八年三月一八日。

40　江蘇省溧陽市社渚鎮での関係者インタビュー（二〇一八年三月一七日）。申請書は、対象産業（当該村の場合は青蝦養殖）の詳細説明、村の基本情報、対象農家の名前・住所が記載されたリスト、登録商標の証明、緑色食品の承認証などあらゆる関係書類が合冊製本された分厚いものとなっていた。

41　経済産業省ウェブサイト　http://www.meti.go.jp/policy/trade_policy/ovop/index.html　（二〇一九年二月一六日閲覧）。

42　例えば、「まち・ひと・しごと創生総合戦略二〇一七　改訂版」（官邸ウェブサイト https://www.kantei.go.jp/jp/singi/sousei/info/#an　一二　（二〇一九年二月一六日閲覧）

43　中国における〝一村一品〟導入の功績を評価し、中国政府は二〇〇二年、国家外国専門家局が主管する国家友誼奨を平松に授賞するとともに、二〇〇九年、新中国建国六〇周年を記念して国家外国専門家局が中心となって実施した「新中国六〇年：最も影響のあった外国人専門家表彰活動」において、平松は全世界から選出された一〇名の専門家の一人となった（岡田実「改革開放の中国における「引智工作」と日本―外国人専門家表彰活動を手掛かりに―」拓殖大学国際開発研究所『国際開発学研究』第一七巻第一号、二〇一七年一二月、八頁）。

44　国際一村一品交流協会ウェブサイト　http://www.ovop.jp/jp/　（二〇一九年二月一六日閲覧）

おわりに――「共享記憶」に向けた課題と提言

政府開発援助（ODA）による日中開発協力は、一般的には、一九七九年一二月の大平総理訪中をもってスタートしたと言われているが、実は正確にはそこから少しさかのぼる一九七九年三月、JICAが技術協力の一環として受け入れた鉄道分野の研修員が、対中ODAの第一号案件であった。日本の財政年度で一九七八年度予算にあたるこの鉄道分野の技術協力の開始から数えれば、二〇一八年は対中ODA開始四〇周年となる。

とすれば、二〇一八年は、日中平和友好条約締結四十周年、中国の改革開放政策四十周年、対中ODA開始四十周年の「トリプル四十周年」という、日中関係にとっては真に記念すべき節目であったと言えよう。

本書においては、改革開放後の〝草の根〟日中開発協力の多くの事例の中から四人の〝草の根〟日本人専門家に着目し、それぞれの活動の軌跡を追うとともに、今も残された「日中開発協力のコメモレイション」についてできるだけ詳しく記してきた。

第一章で述べたように、筆者は中国に存在する日中のコメモレイションは大きく「戦争のコメモレイション」、「国際人道主義のコメモレイション」、「開発協力のコメモレイション」の三つのコメモレイションに腑分けできると考えた。

「戦争」においては一九四五年以前の抗日戦争、「国際人道主義」においては、一九四五年以降の難民化した満蒙開拓団員の救済、残留孤児・婦人の中国人家庭への受け入れ・保護・養育、日本への帰還支援、「開発協力」においては民間の専門家によるボランティア、ＯＤＡ、民間企業の経済技術協力などがその対象になる。

現状において、この中で「戦争」のコメモレイションが突出して多いことに異論がなかろう。これらは国家の政治的・イデオロギー的な意図と密接に結びつき、国民形成を促進し、国家との一体性を醸成するツールとしても機能してきたことが背景にある。こうした趨勢は、冷戦終焉後、江沢民時代の愛国主義教育基地の整備により加速し、習近平時代においても「中華民族の偉大な復興」のスローガンの下、さらに強まるであろうことは容易に想像できよう。

これに対して、「国際人道主義」と「開発協力」のコメモレイション拡充の動因は乏しい。二〇一一年に起きた方正県の事件の事例を見ても、予想外のリスクに晒されることは「割に合わない」として消極的にならざるを得ない面があるからである。

しかし、であるからこそ、「国際人道主義」「開発協力」のコメモレイションに積極的に関心を持ち、支持し、発展させていくことが重要ではないか。日中のコメモレイションが「戦争」一色となり、「国際人道主義」「開発協力」とのバランスを著しく欠くことは、果たして健全な日中関係の発展にとって望ましいことであろうか。「抵抗と被害」「愛国主義」から「寛容な人道主義精神」「報恩」「償いと発展」のコメモレイションへと、少しでもシフトさせていく努力を怠ってはならないのではないだろうか。

最後に、今後の課題と提言を示して本書を締めたい。
今後の課題は、「断片化・潜在化されたコメモレイションをいかに「公共の記憶」として再構築するか」である。およそ、健全な日中関係を構築していくためのコメモレイションとすべきものは数多く存在しているはずであるが、それらは断片的で、未だ〝カタチ〟になっていないものが多いであろう。そのため、こうしたコメモレイションは日中の人々の間で共有されておらず、「公共の記憶」からはほど遠い状況にある。むしろコメモレイションのあり方が、新たな摩擦の火種ともなりかねない状況にあるとさえ言えよう。

こうした状況を改善し、よりバランスのとれた新しい日中の「公共の記憶」を醸成していくためには、以下の仕事が必要であろう。

第一に、開発協力のコメモレイションの発掘と集合的記憶の場を持つことである。

第二に、国際人道主義のコメモレイションの発掘と集合的記憶の場を持つことである。

第三に、バランスのとれた「記憶の共有」である。

まず「開発協力」をあげたのは、「国際人道主義」については、昨今満州からの引揚や残留孤児・婦人問題については比較的多くメディアでも取り上げられ、[1] 民間団体の尽力により一定の関心が保たれているのに対し、[2]「開発協力」については、二〇一八年の対中ＯＤＡ事業の新規案件採択終了に伴い、コメモレイションを発掘し集合的記憶の場を持つことが今後ますます困難となることが想定されるからである。

コメモレイションを中国語で表現すると「共享記憶」となるという。戦争・国際人道主義・開発協力の三つの要素がバランスよく有機的に結びついた日中の「公共の記憶」が人々に享受されることが求められる。日中開発協力の「共享記憶（記憶の共有化）」こそが、日中の未来に向けた「遺産」となり、日中和解プロセスを進展させる基盤となることを信じてやまない。

中国の世界遺産は二〇一八年現在五二を数え、イタリアに次ぐ世界第二位を誇る。それに匹敵する「日中未来遺産」の共有に向けて、本書がその一助になれば筆者の望外の喜びである。

1　例えば二〇一八年三月放映のＮＨＫ『どこにもない国　命をかけた、満州からの脱出』、二〇一五年八月放映のＴＢＳ『レッドクロス〜女たちの赤紙〜』。

二　一般社団法人国際善隣協会は、旧満州からの引揚港だった葫蘆島での植林と植林記念碑の建立事業に取り組み、二〇一三年五月、葫蘆島・望海公園で日中合同植林及び植林記念碑の除幕式を行った。また同協会は二〇一七年には、引揚七〇周年記念事業として、舞鶴・博多・佐世保三引揚港を巡る旅、「引揚七十周年記念の集い―満洲、樺太、朝鮮、台湾　いま振り返る引揚の検証」を主催している（同協会ＨＰ　http://www.kokusaizenrin.com/　二〇一九年二月一六日閲覧）

あとがき

二〇一八年六月三〇日、東京・御茶ノ水駅に近い中央大学駿河台記念館において、日本華人教授会議が主催する「初心を忘れず　未来を拓く―改革開放と平和友好条約のダブル四十周年記念シンポジウム―」が開催された。

シンポジウムの開会に際し、二階俊博・自民党幹事長のメッセージ代読、佐藤嘉恭・元日本国駐中国大使、薛剣・中国駐日本大使館公使参事官の挨拶に続き、大平正芳元総理の孫娘である渡辺満子氏による「大平正芳元総理と中国」の特別講演が行われた。大平正芳は、言うまでもなく一九七二年の日中国交正常化の際の外務大臣であり、一九七九年に総理として訪中した際は、中国の改革開放支援のための対中政府開発援助（ＯＤＡ）開始を首脳間で合意するなど、今日の日中関係の「原点」を創ったともいえる政治家である。

このシンポジウムの開催主旨には、こううたわれていた。

我々は日中関係の「悠久の歴史」の中に友好交流、助け合う側面も多く含まれているとの理解で、中国の改革開放政策が「三中全会」を起点に四十周年を、日中平和友好条約も四十周年を迎えるに当たり、この間の草の根の交流を中心に振り返り、未来への示唆を考えるこの記念シンポジウムを企画しました。

主催者側から筆者に参加の打診があった際にお聞きしたこのシンポジウムの主旨には、筆者は大いに賛同するところがあり、報告者の依頼も快諾させていただいた。

筆者は前職の国際協力機構（ＪＩＣＡ）に約二五年勤務したが、そのうちの約十年は北京に駐在する機会を得て、主に技術協力の仕事を担当してきた。その間携わった「ポリオ撲滅」の日中協力について、ＪＩＣＡ研究所の「プロジェクトヒストリー」シリーズの一つとしてまとめ、二〇一四年に上梓していた経緯があった。そしてこの事例を通じて、日中の人と人との交流・協力の意義をさらに多くの人に知ってほしいとの思いを以前から抱いていたからである。

シンポジウムでの報告では、「ポリオ撲滅」のストーリーをできるだけ多くの写真と図表などを用いて簡潔に説明したが、筆者が特に力説したのは「改革開放四十年の中の日中開発協力の「記憶」が日中両国民にもっと共有されること（中文：「共享記憶」）が重要ではないか」との点であった。

一九七九年の大平総理訪中から順調に伸びてきた対中ＯＤＡは、中国の経済発展や日中関係の悪化等を背景に二〇〇〇年をピークに減少に転じ、二〇〇八年の北京オリンピック以降、対中ＯＤＡの太宗を占めた円借款の新規採択が終了した。その後は環境保護や法整備分野等の一部の技術協力や青年海外協力隊員の派遣を小規模に継続していた。そして、二〇一八年一〇月、安倍総理訪中において、二〇一八年度を以ってすべての対中ＯＤＡの新規供与を終了することを決定した旨伝達されたのである。

この大きな流れを見たとき、筆者には自ずと次の不安が胸をよぎっていた。

「果たして、改革開放四十年の中の日中開発協力の「記憶」は、日中両国民にどこまで共有されているのだろうか？　このままでは、日中開発協力の四十年が、早晩人々の記憶から消え去ってしまうのではないか？」

もちろん、日中開発協力全体の中でＯＤＡはその一部でしかない。本書で取り上げた民間の〝草の根〟協力や、企業間の経済技術協力などが、大きな部分を占めてきたことは間違いない。とはいえ、対中ＯＤＡが示す推移は、それ以外の民間協力と全く異なるトレンドであるとは言い難いであろう。

こうした筆者の主張は、多くのシンポジウム参加者の方々からも共感を得られたようで、シンポジウムの閉会挨拶をされた凌星光・日本華人教授会議学術顧問の「六点総括」の一つとして入れていただいた。「六点総括」を筆者なりに要約すると、以下のとおりとなるが、いずれも日中関係の未来にとって示唆に富む指摘である。

一、改革開放四〇年の「日中協力の記憶」を共有する。その中にはＯＤＡ、日中経済知識交流会、さらに日本が恩恵を受けたことも含まれる。
二、大平外交哲学の再生を図り、八〇年代の日中関係の黄金時代を取り戻す。
三、単方向から双方向へ。これまでは日本から中国への一方通行であったが、中国の目覚ましい発展を受けて、今後はお互いに学び合う時代にしていく。
四、日中が協力して世界に貢献する。このことは、一九七九年の大平総理が訪中の際に行った講演の中で予言している。

五、心理状態を調整する。日本の優越感、中国の被害者意識を払拭し、両国でより世界に貢献する関係へ。

六、文化交流の重要性を再認識する。日中協力して東洋文明を発信し、東アジア文明を発展させる。世界的視野に立って日中が協力していくべき。

筆者にとってこのシンポジウムの参加は、日中開発協力の「共享記憶」の重要性についてまさに参加者に「共享」していただくという成果があった一方、講演後に交流した日中両国の多くの方から口々に「こんな成功事例があったことは今日初めて知った、もっと日中の国民が知るべき」との言葉をいただいたことは、長年開発協力の仕事に携わってきた者として複雑であった。このできごとが筆者の背中を押し、本書の執筆と出版を決めた契機となったと言っても過言ではない。

本書の執筆・出版に当たっては、多くの方々から多大なるご協力とご支援をいただいた。

まず、現地調査にあたり、方正友好交流の会の大類善啓事務局長、国際一村一品交流協会の内田正理事長、九州ふるさと創生国際交流促進協会の王君栄副理事長兼専務理事、中国側関係者の皆様から、〝草の根〟日中開発協力についての多くの知見をいただくとともに、さまざまなご協力をいただいた。内田正理事長には、わざわざ大分から東京まで足を運んでいただき、拓殖大学の学生に〝一村一品〟の講義をしていただくとともに、貴重な写真をご提供いただいた。また、故森田欣一氏のご子息であられる森田弘氏には、在りし日のご尊父の仕事ぶりを回想いただくとともに、残された資料のご提供をいただいた。

本書の出版にあたっては、日本僑報社の段景子社長、段躍中編集長に一方ならぬお世話になるとともに、令和元年度拓殖大学出版助成金を得て刊行することができた。また本書は平成二九年度拓殖大学国際開発研究所個人研究助成金の成果の一部でもある。

関係各位に厚く御礼申し上げたい。

最後に、二〇一四年度から奉職している拓殖大学において、渡辺利夫学事顧問（前総長）、佐原隆幸前国際学部長、甲斐信好国際学部長、徳原悟国際開発研究所長他同僚教員の皆様には、日ごろから親身になって指導していただくとともに、常に知的刺激と叱咤激励をいただいた。また同じく法政大学の菱田雅晴教授を代表とする科研費プロジェクト「中国・廉政研究会」の諸先生方に心より感謝申し上げたい。

なお、本書においては、いずれも民間ベース、地方自治体ベースで活動された専門家に焦点を当て、政府開発援助（ODA）として実施された「ポリオ撲滅」の日中協力の事例は取り上げなかった。既に二〇一四年に上梓した『ぼくらの村からポリオが消えた　中国・山東省発「科学的現場主義」の国際協力』（佐伯印刷出版事業部）で詳細を語りつくしているからである。本書と合わせて一読いただければ幸いである。

二〇一九年初夏

岡田　実

参考文献一覧

〈第一章〉

〈日本語文献〉

朝日新聞社編『昭和にんげん史』一九八八年一〇月

蘭信三『「満州移民」の歴史社会学』行路社、一九九四年二月

石井明・朱建栄・添谷芳秀・林暁光『記録と考証 日中国交正常化 日中平和友好条約締結交渉』岩波書店、二〇〇三年八月

石井貫一編著『日本と中国 その底辺を翔けた七十年』東洋医学舎、二〇〇三年四月

及川和男『米に生きた男 日中友好水稲王＝藤原長作』筑波書房、一九九三年六月

大副敬二郎「報恩の「中国養父母公墓」 自力で建立した遠藤勇の物語」『異国に耐えた『中国の日本人公墓』ハルビン市方正県物語』東洋医学舎、二〇〇三年四月

大類善啓「水稲王　藤原長作物語　中国の大地に根づいた日中友好の絆」『異国に耐えた『中国の日本人公墓』ハルビン市方正県物語』東洋医学舎、二〇〇三年四月

――「(私の視点) 日中友好　日本人公墓を知っていますか」『朝日新聞』、二〇〇七年一〇月一〇日朝刊

――「燎原の火は方正（ほうまさ）から」 http://www.alter-magazine.jp/index.php?%E7%87%8E%E5%8E%9F%E3%81%AE%E7%81%AB%E3%81%AF%E6%96%B9%E6%AD%A3%E3%81%8B%E3%82%89（二〇一九年二月一六日閲覧）

岡田実『日中関係とODA―対中ODAをめぐる政治外交史入門』日本僑報社、二〇〇八年一二月

――「日中「戦後和解」プロセスと経済協力「一九七九年体制」をめぐる一考察」アジア政経学会『アジア研究』第五三巻第二号、二〇〇七年四月

――「「平和の時代のベチューイン」藤原長作と「旅日僑郷」方正県を訪ねて」方正友好交流の会会報『星火方正』No.二五、二〇一七年一二月

国際協力事業団派遣事業部『チーム派遣協力事業「中国水稲機械化及び肉用牛生産振興」事前調査団報告書』、一九九六年四月

――『中華人民共和国チーム派遣「中国水稲機械化及び肉用牛生産振興」終了時評価報告書』、一九九九年八月

坂部晶子『「満州」経験の社会学　植民地の記憶のかたち』世界思想社、二〇〇八年三月
――「交錯する農村の近代―岩手県沢内村と黒龍江省方正県」『記憶と忘却のアジア』青弓社、二〇一五年三月
朱建栄「互いに感謝の気持ちを持ってこそ―方正県「中日友好園林」を訪れて―」方正友好交流の会会報『星火方正』No. 一九、二〇一四年一二月
時事通信社政治部『ドキュメント日中復交』時事通信社、一九七二年一二月
テッサ・モーリス－スズキ、田代泰子訳『過去は死なない　メディア・記憶・歴史』岩波書店、二〇一四年六月
佟岩・浅野慎一『中国残留日本人孤児に関する調査と研究　上・下』不二出版社、二〇〇八年一二月
杜国慶「青田と方正の比較にみる僑郷都市機能の変化と差異」『立命館国際研究』二七（四）、二〇一五年三月
方正友好交流の会会報『星火方正』各号
李海訓『中国北方における稲作と日本の稲作技術』現代中国拠点　リサーチシリーズNo. 一四、東京大学社会科学研究所、二〇一四年三月

（中国語文献）

国家外国専家局政策法規司「緑色的希望――記水稲旱育稀植技術」『農村工作通訊』一九九六年三期
郭相声・曹松先・林長山編著『藤原長作先生在方正』中国香港天馬図書有限公司、二〇一二年一〇月
「稲作技術的新突破――方正県大面積推広旱育苗稀植」『黒竜江省水利』一九八五年二期
劉漢学「政府協調強化服務是水稲旱育稀植技術推広的関鍵」『科学学与科学技術管理』一九九六年九期
杜穎「黒竜江省与日本民間交流四十年回顧――以日本遺孤友好交流為中心」黒竜江省社会科学院『日本研究』二〇一二年三期
呉如加「方正已無日本人――中国独特日本〝僑郷〟的艱難時事」『鳳凰周刊』二〇一五年七月一三日、二〇一九年二月一六日閲覧）
王雲中「方正県挙弁寒地水稲稀植技術培訓班」『成人教育』一九八三年四期
「友誼長存」『中国老区建設』二〇〇一年一二期
趙寧「方正県向日本移民問題的社会学研究」東北財経大学修士論文
張従元「辛苦耕耘近八年　農民増収十三億――記〝水稲王〟藤原長作」『国際人才交流』一九八九年一期
朱国政「寒地水稲旱育秧稀植栽培技術調査報告」『黒竜江省農業科学』一九八三年一期
中華人民共和国外交部・中共中央文献研究室『周恩来外交文選』中央文献出版社、一九九〇年五月

〈第二章〉
（日本語文献）
島田ユリ『洋財神　原正市　中国に日本の米づくりを伝えた八十翁の足跡』北海道新聞社出版局、一九九九年
原正市『中国における稲作技術協力十七カ年のあゆみと水稲畑苗移植栽培の基準』日中農業技術交流岩見沢協議会、一九九九年
（中国語文献）
馮翔「〝友誼奨〟変遷」『中国週刊』二〇一三年五月
王虎「水稲飄香憶故人―記〝友誼奨〟獲得者日本専家原正市」『国際人才交流』二〇〇七年八月

〈第三章〉
（日本語文献）
王小燕「中国で愛されるスイカ「京欣一号」森田欣一の置き土産」中国国際放送日本語部『季刊かけはし』二〇一七年夏号
小林さゆり『物語北京』五洲伝播出版社、二〇〇八年一〇月
農村漁村文化協会編『野菜園芸大百科五　スイカ・カボチャ』農村漁村文化協会、二〇〇四年
（中国語文献）
王鳴　侯沛「西瓜的起源、歴史、分類及育種成就」『当代蔬菜』二〇〇六年三期
「為中国西瓜甜瓜産業作出突出貢献的外国専家―森田欣一先生」『中国西瓜甜瓜』二〇〇三年一一月一五日
『北京蔬菜』一九八四年五期
王虎「京欣一号育種人―我与日本専家森田欣一的交往」『国際人才交流』二〇〇七年五期
科学技術部農村・社会発展司主編・陳春秀編著『京欣一号系列　西瓜新品種栽培技術』台海出版社、二〇〇一年
梦田「京欣一号―中日友好合作的結晶」『国際人才交流』一九九〇年一期
北京市農業科学院蔬菜研究センター『蔬菜情縁』（出版年不明）
簡訊「深切緬懐著名西瓜甜瓜育種家、日本友人―森田欣一先生」『中国瓜菜』二〇〇八年五月一五日

〈第四章〉
〈日本語文献〉
大分県一村一品21推進協議会『一村一品運動二十年の記録』二〇〇一年三月
大分一村一品国際交流推進協会『二〇〇四～二〇一二活動の記録～世界に息づく一村一品～』二〇一三年五月
大分県大山町農業協同組合『虹を追う群像　大分県大山町のまちづくり』日の丸印刷株式会社、一九八七年一月
小松出「『一村一品運動』の中国での展開と変容」桜美林大学『産業研究所年報』第三〇号、二〇一二年三月
日本経済新聞『私の履歴書　平松守彦』一九九二年六月一日から一九九二年六月三〇日まで連載
孫京美「地方政府の政策実施の開始における特徴―大分県の一村一品運動を事例に―」立命館大学『立命館法学』二〇一〇年五・六号
大分県企画振興部国際政策課『大分県の国際交流・協力の現状　平成二七年度版』
岡田実「改革開放の中国における「引智工作」と日本―外国人専門家表彰活動を手掛かりに―」拓殖大学国際開発研究所『国際開発学研究』第一七巻第一号、二〇一七年一二月
任雲「中国における一村一品の展開と課題―事例研究を踏まえて―」桜美林大学『産業研究所年報』第三二号（特別号）、二〇一四年三月
「〝人づくり〟精神を伝え続ける一村一品運動」『monthly JICA』二〇〇七年一月
平松守彦『一村一品のすすめ』ぎょうせい、一九八二年四月
――『地方からの発想』岩波書店、一九九〇年九月
松井和久・山神進編『一村一品運動と開発途上国　日本の地域振興はどう伝えられたか』アジア経済研究所、二〇〇六年一〇月
向井加奈子・藤倉良「一村一品運動の継続を可能にする要因」法政大学『公共政策志林』二〇一四年三月
山口信一「『一村一品』世界が継ぐ　平松守彦さん死去一年、大分市でセミナー」『西日本新聞』二〇一七年八月一三日
吉田三千雄・藤田実・任雲・小松出「『一村一品運動のアジアにおける展開と変容』にかかわる中間報告」桜美林大学『産業研究所年報』第三一号、二〇一三年三月

〈中国語文献〉
陳炜華『国際化人才：世界溝通的橋梁』中国伝媒大学出版社、二〇〇七年三月
李耕玄、劉 慧、石丹雨，劉耀美「日本〝一村一品〟的啓示及経験借鑑」『農村経済与科技』第二七巻第一一期、二〇一六年六月

「平松守彦：〃一村一品〃幫助農民致富」『国際人才交流』国家外国専家局国外人才信息研究中心、二〇〇八年一一期
「平松守彦：希望農村的孩子享受城市的生活水平」『国際人才交流』国家外国専家局国外人才信息研究中心、二〇一〇年五期
［日］平松守彦著、郭常義訳『地方精神的閃光』南京大学出版社、一九九四年五月
秦富、張敏、鐘鈺等『我国〃一村一品〃発展理論与実践』中国農業出版社、二〇一〇年六月
田野、張楽心、羅静「中国〃一村一品〃発展暦程研究」桜美林大学『産業研究所年報』第三二号（特別号）、二〇一四年三月
万学遠『引智十年』中国国際人才交流与開発研究会、二〇一一年一〇月
夏鳴九「飛雪迎春到 中国共産党友好代表団訪日側記」『国際人才交流』国家外国専家局国外人才信息研究中心、二〇〇二年六期
「〃一村一品〃成為滄州区域特色産業的催化剤」『中国経済網』二〇〇八年一二月二九日 http://www.ce.cn/xwzx/gnsz/gnleft/mttt/200812/29/t20081229_17819314.shtml（二〇一九年二月一六日閲覧）

【初出一覧】

本書の第一章は、以下の論文の内容に加筆修正を行ったものである。

「「平和の時代のベチューイン」藤原長作と「旅日僑郷」方正県を訪ねて」方正友好交流の会会報『星火方正』No.二五、二〇一七年一二月

「開発協力のコメモレイションをめぐる一考察—中国・黒龍江省方正県における藤原長作の稲作協力を手掛かりに—」拓殖大学国際開発研究所『国際開発学研究』第一八巻第一号、二〇一八年一一月

岡田 実（おかだ みのる）

拓殖大学国際学部 教授。

東北大学法学部卒業後、民間企業勤務を経て、1988年に国際協力事業団（現国際協力機構、JICA）入職。JICAでは北京大学留学、中国事務所員、中国援助調整専門家、中国事務所副所長として約10年間対中政府開発援助（ODA）に従事した他、本部、外務省経済協力局、JICA研究所等で勤務。

2010年、法政大学大学院で政治学博士号を取得し、2012-13年度法政大学法学部兼任講師。2014年度より現職。

現在、大学で教鞭をとるかたわら、NPO法人日中未来の会、一般社団法人国際善隣協会などで日中民間交流活動に参加している。

主な著書に『日中関係とODA―対中ODAをめぐる政治外交史入門―』（日本僑報社、2008年）、『「対外援助国」中国の創成と変容1949-1964』（御茶の水書房、2011年）、『ぼくらの村からポリオが消えた―中国・山東省発「科学的現場主義」の国際協力』（佐伯印刷出版事業部、2014年）。その他、日中開発協力史に関する論文多数。

＊本書は、平成29年度拓殖大学国際開発研究所個人研究助成に基づく研究成果の一部であり、令和元年度拓殖大学出版助成を得て刊行した。

拓殖大学研究叢書（社会科学）51

日中未来遺産

中国「改革開放」の中の“草の根”日中開発協力の「記憶」

2019年9月2日 初版第1刷発行
著　　者　岡田 実（おかだ みのる）
発 行 者　拓殖大学
制作・発売所　日本僑報社
〒171-0021 東京都豊島区西池袋3-17-15
TEL03-5956-2808　FAX03-5956-2809
info@duan.jp
http://jp.duan.jp
中国研究書店 http://duan.jp

ISBN 978-4-86185-276-3　C0036

Voices from Youth Friends in the World for the Belt and Road Initiative

「一帯一路」沿線 65カ国の若者の生の声

人民日報海外版「中国故事工作室」編

厳 冰・陳 振凱 主編

日中翻訳学院
山本 美那子・桝矢 薫 訳

四六判 228頁 並製本　定価 3300円＋税

ISBN 978-4-86185-269-5

WHAT WILL CHINA OFFER THE WORLD IN ITS RISE
THE BELT AND ROAD INITIATIVE

習近平主席が提唱する新しい経済圏構想

「一帯一路」詳説

中国人民大学教授 王義桅《ワン・イーウェイ》 著

日中翻訳学院 川村明美 訳

四六判 288頁 並製本　定価 3600円＋税

ISBN 978-4-86185-231-2

定価 2800 円＋税
ISBN 978-4-931490-57-4

定価 2900 円＋税
ISBN 978-4-86185-021-9

友好の原点ここにあり

埋もれていた史実が初めて発掘された。日中両国の無名の人々が苦しみと喜びを共にする中で、友情を育み信頼関係を築き上げた無数の事績こそ、まさに友好の原点といえよう。登場人物たちの高い志と壮絶な生き様は、今の時代に生きる私たちへの叱咤激励でもある。

故・元副総理 **後藤田正晴**

新中国に貢献した日本人たち

友情で綴る戦後史の一コマ

中国中日関係史学会 編　武吉次朗 訳

日本僑報社のおすすめ書籍

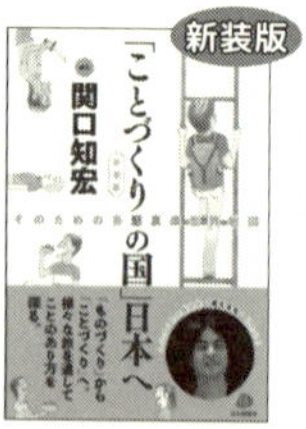

「ことづくりの国」日本へ
そのための「喜怒哀楽」世界地図

関口知宏 著
1800円＋税
ISBN 978-4-86185-266-4

鉄道の旅で知られる俳優・旅人の関口知宏が、様々な世界の旅を通してことのあり方を探る。

来た！見た！感じた!!
ナゾの国 おどろきの国
でも気になる国 日本

中国人気ブロガー招へいプロジェクトチーム 編著
2400円＋税
ISBN 978-4-86185-189-6

中国人ブロガー22人の「ありのまま」体験記。

「大平学校」 日中平和友好条約締結40周年記念出版
と戦後日中教育文化交流
日本語教師のライフストーリーを手がかりに

早稲田大学教育学博士 孫暁英 著
3600円＋税
ISBN 978-4-86185-206-0

日中教育文化交流の成功モデルとなった「大平学校」の全貌を明かす。

日中語学対照研究シリーズ
中日対照言語学概論
—その発想と表現—

高橋弥守彦 著
3600円＋税
ISBN 978-4-86185-240-4

中日両言語の違いを知り、互いを理解するための一助となる言語学概論。

中国工業化の歴史
—化学の視点から—

東京大学経済学博士 峰毅 著
3600円＋税
ISBN 978-4-86185-250-3

中国近代工業の発展を、日本との関係を踏まえて化学工業の視点から解き明かした歴史書。

対中外交の蹉跌
- 上海と日本人外交官 -

在上海日本国総領事
片山和之 著　3600円＋税
ISBN 978-4-86185-241-1

現役上海総領事による、上海の日本人外交官の軌跡。近代日本の事例に学び、今後の日中関係を考える。

日本人論説委員が見つめ続けた
激動中国
中国人記者には書けない「14億人への提言」

加藤直人 著 〈日中対訳版〉
1900円＋税
ISBN 978-4-86185-234-3

中国特派員として活躍した著者が現地から発信、政治から社会問題まで鋭く迫る！

病院で困らないための日中英対訳
医学実用辞典

松本洋子 著　2500円＋税
ISBN 978-4-86185-153-7

海外留学・出張時に安心、医療従事者必携！指さし会話集＆医学用語辞典。

推薦 **岡山大学名誉教授 青山英康**
高知県立大学元代表 南裕子

日中中日翻訳必携・実戦編III
美しい中国語の手紙の書き方・訳し方

ロサンゼルス総領事 千葉明 著
1900円＋税
ISBN 978-4-86185-249-7

日中翻訳学院の名物講師武吉先生が推薦する「実戦編」の第三弾！

日中中日翻訳必携・実戦編IV
こなれた訳文に仕上げるコツ

武吉次朗 著
1800円＋税
ISBN 978-4-86185-259-6

「実戦編」の第四弾！「解説編」「例文編」「体験談」の三項目に分かれ「武吉塾」の授業内容を凝縮。

日本僑報社のおすすめ書籍

日中文化DNA解読
心理文化の深層構造の視点から
北京大学教授 尚会鵬 著
日本女子大学教授 谷中信一 訳
2600円+税
ISBN 978-4-86185-225-1

中国人と日本人の違いとは何なのか？文化の根本から理解する日中の違い。

日本語と中国語の落し穴
用例で身につく「日中同字異義語100」
三井物産㈱初代中国総代表
久佐賀義光 著
王達 監修　1900円+税
ISBN 978-4-86185-177-3

中国語学習者だけでなく一般の方にも漢字への理解が深まり話題も豊富に。

日本の「仕事の鬼」と中国の〈酒鬼〉
漢字を介してみる日本と中国の文化
元重慶総領事 冨田昌宏 編著
1800円+税
ISBN 978-4-86185-165-0

ビジネスで、旅行で、宴会で、中国人もあっと言わせる漢字文化の知識を集中講義！

中国漢字を読み解く
～簡体字・ピンインもらくらく～
前田晃 著
1800円+税
ISBN 978-4-86185-146-9

中国語初心者にとって頭の痛い簡体字をコンパクトにまとめた画期的な「ガイドブック」。

日本語と中国語の妖しい関係
～中国語を変えた日本の英知～
松浦喬二 著
1800円+税
ISBN 978-4-86185-149-0

「中国語の単語のほとんどが日本製であることを知っていますか？」という問いかけがテーマ。

任正非の競争のセオリー
―ファーウェイ成功の秘密―
Zhang Yu、Jeffrey Yao 著
日中翻訳学院 訳
1600円+税
ISBN 978-4-86185-246-6

奇跡的な成長を遂げ世界が注目するファーウェイ。その誕生と発展の秘密を創業者の半生から探る。

時価総額アジア１位
テンセント帝国を築いた男 馬化騰
Lin Jun、Zhang YuZhou 著
高橋豪、ダンエディ 訳
1600円+税
ISBN 978-4-86185-261-9

世界最大級のSNSを運営し中国経済をリードするテンセントの秘密とは？

シェア経済・キャッシュレス社会・コンテンツ産業の拡大……
いま中国の真実は
三潴正道 監訳　而立会 訳
1900円+税
ISBN 978-4-86185-260-2

「必読！いま中国が面白い」最新の中国事情がわかる人気シリーズ第12弾！

悩まない心をつくる人生講義
―タオイズムの教えを現代に活かす―
チーグアン・ジャオ 著
町田晶（日中翻訳学院）訳
1900円+税
ISBN 978-4-86185-215-2

無駄に悩まず、流れに従って生きる老子の人生哲学を、現代人のため身近な例を用いて分かりやすく解説。

温孔知心
～孔子の心、経営の鏡～
史文珍 著　汪宇 訳
1900円+税
ISBN 978-4-86185-205-3

新進気鋭の中国人研究者が孔子の教えを現代ビジネスに活かす新感覚のビジネス書。

改革開放とともに40年　胡鞍鋼

SUPER CHINA～超大国中国の未来予測～　胡鞍鋼

中国の百年目標を実現する第13次五カ年計画　胡鞍鋼

2050年の中国データで中国の未来を予測　胡鞍鋼他

中国の発展の道と中国共産党　胡鞍鋼他

日本人論説委員が見つめ続けた激動中国　加藤直人

日中友好会館の歩み　村上立躬

日本人の中国語作文コンクール受賞作品集

① 我們永遠是朋友（日中対訳）　段躍中編

② 女児陪我去留学（日中対訳）　段躍中編

③ 寄語奥運　寄語中国（日中対訳）　段躍中編

④ 我所知道的中国人（日中対訳）　段躍中編

⑤ 中国人旅行者のみなさまへ（日中対訳）　段躍中編

⑥ Made in Chinaと日本人の生活（日中対訳）　段躍中編

中国人の日本語作文コンクール受賞作品集

① 日中友好への提言2005　段躍中編

② 壁を取り除きたい　段躍中編

③ 国という枠を越えて　段躍中編

④ 私の知っている日本人　段躍中編

⑤ 中国への日本人の貢献　段躍中編

⑥ メイドインジャパンと中国人の生活　段躍中編

⑦ 甦る日本！今こそ示す日本の底力　段躍中編

⑧ 中国人がいつも大声で喋るのはなんでなのか？　段躍中編

⑨ 中国人の心を動かした「日本力」　段躍中編

⑩ 「御宅（オタク）」と呼ばれても　段躍中編

⑪ なんでそうなるの？　段躍中編

⑫ 訪日中国人「爆買い」以外にできること　段躍中編

⑬ 日本人に伝えたい中国の新しい魅力　段躍中編

⑭ 中国の若者が見つけた日本の新しい魅力　段躍中編